Helge Sobik

Lesereise Portugal

Helge Sobik

Lesereise Portugal

Die Fischer, die die Zeit anhalten

Picus Verlag Wien

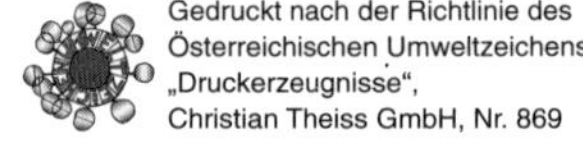

Grafische Gestaltung: Dorothea Löcker, Wien
Umschlagabbildung: © United Archives/Rudolph
Druck und Verarbeitung:
Christian Theiss GmbH., St. Stefan im Lavanttal
ISBN 978-3-7117-1085-7

Informationen über das aktuelle Programm
des Picus Verlags und Veranstaltungen unter
www.picus.at

Inhalt

Mein Strand und ich

Palheiros da Tocha im Winter: Vor der Haustür nichts als Strand und Meer

So ein Haus muss nicht hundert sein, um alt auszusehen. Es reicht weniger als die Hälfte an Zeit. Schließlich führt es mit jedem seiner Balken, jeder Faser des Holzes, jedem Dachziegel und jedem Pinselstrich Farbe einen permanenten Kampf gegen den Wind, das Wasser, den Sand und das Salz. Hundertfünfzig Meter sind es bis zu den Wellen, dazwischen ist Sand. Und eine schmale Straße. Sonst nichts. Nach über fünftausend Kilometern kommt geradeaus Amerika. Im Weg liegt nichts. Wenn der Wind Anlauf nimmt, vom Ozean kommt und an etwas zerren will, dann packt er sich zuerst dieses Haus und rüttelt es durch. Es ist, als schöbe er es zusammen und zöge es wieder auseinander. Solche Töne macht es bei Sturm. Es ist derselbe Sound, den auch die Nachbarhütten fabrizieren.

Fischer haben sie gebaut – als einfache Quartiere zwischen den Fangfahrten. Als Übernachtungsplatz, wenn die Zeit nicht reichte, bis nach Hause zu kommen – weiter hinein ins Hinterland, wo ihre Heimatorte waren. So nah am offenen Ozean lebte hier früher keiner. Nicht auf Dauer. Gar nicht im Winter. Heute sind es um die hundertsiebzig Menschen, die ganzjährig in Palheiros da Tocha am Atlantik zu

Hause sind. Ein paar Tausend werden es während des Sommers, wenn all die Feriengäste da sind, die Wohnungen und Appartements in den Querstraßen in zweiter, dritter und vierter Reihe beziehen, jedes Bett belegt ist und die Menschen jeden Morgen mit Sonnenschirm und Badematte unterm Arm an den Strand spazieren. Aber im Winter herkommen? Die ganze Praia da Tocha und all den Wind für sich alleine haben? Wenn nur die zwei Tante-Emma-Läden geöffnet sind und manches Regal nur halb voll ist, weil der Laster mit der Ware noch nicht wieder da war? Von nichts abgelenkt werden, Zeit für die eigenen Gedanken haben? In so einem Haus, das nachts quietscht? Massentauglich ist das nicht. Dabei ist es so ein schöner Gedanke: sich einmal auf den Zwang zum Nichtstun einlassen. Loslassen. Wieder wahrzunehmen lernen. Aus der permanenten Reizüberflutung aussteigen, bei stundenlangen Strandspaziergängen den Kopf durchgepustet und die Gedanken neu sortiert bekommen.

Zwischen Lissabon und Porto gibt es mehrfach über Dutzende Kilometer keine Küstenstraße, sondern nur ab und an wenige Querwege von der Hinterlandstraße, die in gerader Linie an den Ozean führen: in winzige Orte, die im Winter fast ausgestorben sind und nicht mal über ein Hotel verfügen. Sechs Kilometer geradeaus durch den Pinienwald führt die Stichstraße vom eigentlichen Tocha, gut viertausend Einwohner stark, nach Palheiros da Tocha. Siebenhundert Meter vorm Ziel gibt es links und rechts Abzweiger in den Pinienwald hinein:

meistens Sand, tiefe Schlaglöcher, Reste von Kopfsteinpflaster. Das war einmal so etwas wie die Küstenstraße, als die Menschen noch mit Pferden und Eseln unterwegs waren. Heute ist sie nur etwas für Geländewagen.

Palheiros da Tocha ist ein Mini-Ort mit sensationellem Sandstrand. Fast die ganze Küste hier ist ein einziger sensationeller Sandstrand. Im Süden liegt Lissabon als Endpunkt dieses Strandes nach etwa zweihundertfünfzig Kilometern – von ein paar kleinen Unterbrechungen abgesehen. Im Norden ist es Porto – nach gut hundert Kilometern. Gefühlt ist beides gleich weit weg.

Im Haus riecht es muffig, nach fünf Monaten Leerstand. Und nach dem Salz, das hier überall in der Luft liegt. Auf dem schweren, alten Esstisch liegt ein Rüschendeckchen, an der Wand hängen Ölgemälde, die Kutter auf See zeigen. Die Kaffeemaschine hat ein Etikett, auf dem das Baujahr vermerkt ist: 1962. Sie hat tapfer durchgehalten. In eine Ecke des Hauses ist eine Toilette hineinimprovisiert, direkt daneben die Dusche. Das Schlafzimmer ist kaum größer als das zwanzig Zentimeter zu kurze Bett, auf dem Nachttischchen steht eine schmächtige Lampe, und irgendwer muss kurz zuvor den Linolfußboden frisch gewischt haben. In den Ecken ist es noch feucht.

Ein bisschen ist es, als zöge ich hier in das Leben von jemand anderem ein. Aber soll es nicht genau so sein? Gehört nicht genau das dazu, wenn es darum geht, für ein paar Tage loszulassen, nur den Atlantik vor der Nase, Strandsand unter den Füßen zu haben? Und als Rückzugswinkel dieses Haus mit der Mini-Küche, ein paar Vorräten und einem alten UKW-Kofferradio?

Die ersten Stunden ist es, als störte ich hier. Als käme jeden Moment der alte Mann mit Bart und dicker Strickjacke herein, der eigentlich hierhergehört. Den gibt es aber nicht, er kommt nicht. Und der Besitzer wohnt weit weg in Coimbra. Er hat wie so viele andere seinen Schlüsselbund im Mini-Supermarkt zwei Querstraßen weiter gelassen, und wenn jemand fragt, vermietet die Frau an der Kasse das Haus. Dieses oder ein anderes. Ganz nach Wunsch. Eine Internetpräsenz? Gibt es nicht. Veranstalter, die so etwas vermitteln? Keine Spur. Vorreservieren? So gut wie unmöglich. Das Telefon im Mini-Supermarkt hebt fast nie einer ab. Kommen, fragen, schauen, über den Preis einig werden. So funktioniert das hier. Ein Händedruck, ein kurzer Blick in die Augen, ein bisschen Zeichensprache als Ergänzung zu drei Brocken Portugiesisch. Anders geht es nicht.

Im Winter ist die Auswahl groß, der Schlüsselbund der Supermarktfrau gut bestückt. »Weil keiner fragt«, sagt sie. »Die Fremden sind im Sommer da. Es gibt nichts, was sie hier im Winter wollen.« Sie täuscht sich: Sie könnten den Wind wollen, den ganzen Strand für sich alleine. Die Stille. Falls es sie gibt.

Schon in der ersten Nacht will der Sturm das vielleicht vierzig Quadratmeter große Holzhaus mitnehmen. Er zerrt von allen Seiten daran, rüttelt an den verkeilten Fensterläden. Der Ozean ist es, der den Soundtrack zur Finsternis liefert. Ein einziges großes Rauschen. Es schwillt an, schwillt wieder ab. Mit jedem neuen Schwung Wellen, die er auftürmt und nicht weit von der Verandatür auf den Strand schleudert. Eine Straßenlampe sorgt für ein bisschen Licht und leuchtet am Ende nichts von dem wirklich aus, was dort draußen geschieht. Eher verwandelt sie die schmale Straße mit den Holzhäusern auf der einen und Strand und Ozean gleich auf der anderen Seite in ein Szenario wie aus einem Gemälde von Edward Hopper. Und ich unverhofft mittendrin.

Fast alles übertönt dieses Tosen der Wellen und das Brausen des Windes. Nur nicht die beiden Männer in Kapuzenpullis, die irgendwann gegen drei Uhr morgens vorm Haus auftauchen, die Motoren ihrer am Straßenrand unter der Hopper-Laterne geparkten Autos weiterlaufen lassen, gemeinsam eine rauchen, nicht ahnen können, dass das alte Holzhaus mit der Einfachverglasung ausnahmsweise bewohnt ist. Mit aller Kraft plaudern sie gegen den Sturm an, brüllen sich aus nächster Nähe einen minimalistischen Dialog zu, den der Wind neu sortiert und durch die Fensterritzen ins winzige Schlafzimmer schiebt. Eine Zigarettenlänge später steigen sie wieder ein, fahren weiter, verschwinden mit weißem Mazda und silbernem Opel in der unwirklichen Nacht. Was sie hier gemacht haben? Wahrscheinlich das Einzige, was Menschen im Winter hierherlockt: gar nichts. Absolut nichts. Sie sind völlig grundlos da gewesen. Wie schön, etwas ohne Grund zu tun. Der Wind hat da längst nach den Kippen gegriffen, als könnte er sich vor Gier nicht halten und wollte schnell noch zwei Züge aus den fremden Stängeln heraussaugen, ehe nichts mehr geht.

Im Haus ist es derweil wie auf einem riesigen Schiff, wie in der billigsten Kabine direkt über dem Maschinenraum mit all seinem Krach und seinen Schwingungen. Auch die Hütte zittert im Sturm, als wollte sie ablegen. Als wäre sie auf großer Fahrt sogar. Doch seekrank werden nur meine Ohren, denn mehr Bewegung als diese Vibration gibt es nicht. Alles darüber hinaus ist Illusion. Vom Gehirn gestrickt, weil es so gut passen würde. Weil nach aller Lebenserfahrung normalerweise in Fahrt ist, was so klingt und so zittert. Und während die Illusion noch entsteht, ruft der Verstand dazwischen, dass du an Land bist. In Sicherheit. In einem irgendwie baufälligen Holzhaus, das mindestens ein halbes Jahrhundert alt und eigentlich nur im Sommer bewohnt ist. Im totalen Off Westeuropas. Dort, wo es in Portugal sehr einsam sein kann. Angenehm einsam.

Am nächsten Morgen ist der Strand aufgeräumt, wie neu sortiert. Der Wind war es. Jetzt ist er verschwunden, weitergezogen, randaliert woanders. Die Holztreppe hat er stehen lassen, auch das bis Mitte Mai geschlossene Strandrestaurant mit seiner viel zu modernen Glasfassade duckt sich noch immer in den Schatten der Dünenreihe. Und überall auf dem Weg vorm Haus liegen jetzt kleine Sandverwehungen. Manche von ihnen haben ein Muster wie in der Wüste, das der Wind hineingezeichnet hat. Diese seltsamen Rillen. Zwei Tage wird es dauern, bis ein in Orange und Blau gekleidetes Räumkommando der zuständigen Kreisverwaltung Cantanhede eintreffen und die größeren Verwehungen zusammenfegen und auf der Ladefläche eines Lieferwagens abfahren wird.

Strandangler João kann ein bisschen Deutsch. Er spricht es mit Schweizer Akzent, hat ein paar Jahre in Basel gearbeitet. Was ich hier wolle? Im Winter? Dass ich stundenlang über diesen Strand laufe, erst einmal an ihm vorbei, dann viel später in Gegenrichtung wieder zurück? Woher ich komme? Interessiert ihn alles nicht. »Was für ein schöner Nachmittag!«, sagt er bloß, als gehörte ich hierher. Und fragt: »Findest du nicht auch? Und die Fische beißen gut!« Was er denn hier im seichten Wasser fange? »Manchmal stattliche Doraden, meist kleinere *carapau*, die so ähnlich schmecken wie Makrelen. Nur für meine Frau und mich. Nie mehr als wir zu zweit essen können.« Er genießt die Nachmittagssonne von Westen auf seinem Gesicht – und freut sich des Lebens. »Ist das hier dein Strand, dein Lieblingsstrand?«, frage ich – und während ich die Frage stelle, merke ich erst, wie blöd sie ist. Aber er antwortet klug: »Es ist so sehr mein Strand, wie es dein Strand ist. Und es ist schön, hier zu sein. Jeden Nachmittag.«

Und dann sagt er noch etwas Interessantes: »Wie es hier wohl morgens ist? Ich sollte mal morgens kommen.« Jetzt erzähle ich ihm, dass ich hier wohne. In dem alten, schiefen Fischerhaus da oben. Für ein paar Tage nur. Dass ich den Schlüssel aus dem kleinen Supermarkt zwei Querstraßen weiter habe. Und dass ich weiß, wie es hier morgens ist: sehr, sehr schön nämlich. Der Tag beginnt mit einem seltsam milchigen Hellblau, bei dem Ozean und Himmel eins sind, ehe die Farben irgendwann nach acht satter werden, weil der liebe Gott die Kontraste anknipst und irgendwer die Sonne hisst. Plötzlich umarmt er mich. »Du Glücklicher«, sagt er, »ich muss dringend mal morgens kommen.« Dabei ist er der Glückliche: weil er jeden Tag hierherkommen kann – und nicht nur ein Aussteiger auf Zeit ist, der ein paar Tage lang nicht auf sein Handy hören will und sich wünscht, dass seine Uhr nur noch den Stundenzeiger hat, aber keine mehr für Minuten und Sekunden.

Ob es hier nur zufriedene Menschen gibt? Vielleicht nicht ganz, nicht alle. Die Frau aus dem Supermarkt, die mit dem dicken Schlüsselbund, wirkt seltsam gleichgültig, ihre Tochter irgendwie unzufrieden. Kann sein, dass ihnen die Welt hier zu klein ist und dass erst der Sommer sie wieder mehr lächeln lässt, wenn die Beach Boys und die Badenixen, die Surfer und all die anderen wieder da sind, die irgendwie auf die Praia da Tocha gekommen sind und hier ihre Ferien verbringen. Die Wirtin aus dem Restaurant »Cova do Finfas« dagegen strahlt wieder diese besondere Ruhe aus, dieses wohltarierte Gleichgewicht. Ihr Restaurant ist ihr Wohnzimmer. Ihre Gäste sind noch wirklich Gäste. Als hätte sie sie zu Hause zu Besuch. So behandelt sie sie, so tischt sie auf. So ist ihr Lokal eingerichtet. Ein großes, ein bisschen plüschiges Zimmer mit Kamin hundertzwanzig Schritte vom Ozean entfernt – Türen und Fenster aufs Hinterland ausgerichtet: dorthin, wo das Leben die längste Zeit des Jahres spielt.

Die meisten Menschen hier scheinen seltsam mit sich und ihrem Leben im Reinen zu seinen. Sie sind freundlich und zurückgezogen, nicht neugierig, schon gar nicht invasiv. Sie lassen jeden sein Leben führen, wie er möchte. Ob Einheimische oder Zugereiste.

Abends sind die meisten Fensterläden geschlossen, Jalousien heruntergelassen. Die Innenbeleuchtung einer silbrigen Telefonzelle leuchtet gleißend hell ins Leere, als wollte sie mit dem Licht Kunden wie Motten anlocken, obwohl auch hier längst jeder ein Handy hat und die Zelle eigentlich ausgedient hat. Als Relikt aus einer anderen Zeit passt sie dennoch gut hierher.

Eine winzige Bar ist noch offen, und aus dem geöffneten Fenster des Restaurants »Panorama« am nördlichen Ortsrand riecht es streng nach aggressivem Putzmittel. Am anderen Ortsende, im »Cova do Finfas«, hat die Wirtin gerade die angebrochene Flasche White Port zurück in den Kühlschrank gestellt und die letzte Kerze im Gastraum ausgepustet: Feierabend in Palheiros da Tocha. Und wieder mal die Ruhe vor dem Sturm. Wie letzte Nacht.

Diesmal entscheidet er sich für den ganz großen

Auftakt: wirft die Verandatür der Fischerhütte auf, schleudert sie unter maximaler Ausnutzung des Drehwinkels ihrer Scharniere gegen die Wand, dass die Scheiben noch lange vibrieren – und ich gehörig erschrecke. Mit einem Mal ist der Wind wieder da, der Krach angeknipst. Der beste Platz für so etwas mit einer Nacht Praia-da-Tocha-Wintererfahrung in den Knochen? Mit dicker Jacke und Schal im Plastikstuhl auf der Veranda. Mit Blick in die Dunkelheit. Auf den Strand, den Ozean, den dunklen Nachthimmel. Das Auge versucht wieder, sich an irgendetwas festzuhalten, bis das Hirn meldet, dass es so etwas nicht gibt. Allein dieser Moment der Erkenntnis fühlt sich auf spektakuläre Weise entspannend an: zu begreifen, dass da nichts weiter ist. Und dass nicht viel daran fehlt, den Wind sehen zu können.

Woran die Menschen hier eigentlich ablesen, wie viele Wellen das Meer in der nächsten Nacht auftürmen und ob es wieder Sturm geben wird? Der Mann im einzigen geöffneten Frühstücks-Café schaut kurz von seinem *café galão* auf, zuckt mit den Schultern, murmelt dann: »An den Möwen. Wenn sie an Land bleiben, zieht ein Sturm auf, von dem die Menschen noch nichts spüren. Die Tiere sind sensibler, wissen Stunden vorher davon. Richte dich nach ihnen, und dir kann nichts geschehen: an der See nicht – und auch auf der See nicht.« Er nimmt einen langen Schluck Kaffee, blickt an der leeren Eistheke vorbei durch die große Scheibe Richtung Atlantik. Wieder so ein Edward-Hopper-

Blick. Wie er heiße? Er zuckt mit den Schultern, schaut kurz auf, grinst. Als ob sein Kontingent an Worten für diesen Tag erschöpft wäre. Er meint es nicht unhöflich. Er rationiert einfach. Die Kellnerin lacht: »Du kannst ihn morgen wieder etwas fragen, dann hat er neue Worte geladen.« Er nickt. Wir prosten uns zu.

Wer hier während des Winters lebt, hat sich diesen Ort nicht ausgesucht, um zu reden. Eher geht es ums Hören, ums Nachdenken. Oder ums Garnicht-Denken. Darum, sich in einen selber zu versenken und neu zu lernen, auf äußere Reize nicht ständig anzuspringen: Eine SMS beantworten? Hat Zeit. Irgendwas nur mal eben über WhatsApp hin und her jagen? Nicht wichtig genug. Ganz und gar nicht wichtig sogar. Das Telefon klingeln lassen? Ja. Das ist es. Das Telefon einfach klingeln lassen. Nicht rangehen. Wieder aktiv selber entscheiden, wann man etwas will. Auch auf die Gefahr hin, dass einem etwas entgehen könnte. Loslassen. Erkennen, dass es auch mal Zeiten ohne Pflichten geben muss. Momente, in denen nichts wichtiger ist als der nächste Strandspaziergang. Oder das Glas Bier. Oder im Plastikstuhl auf der Veranda zu schaukeln und die Füße auf das Geländer zu packen. Wahrscheinlich ist genau das das Geheimnis von Palheiros da Tocha im Winter. Obwohl man deswegen hierherfährt, dauert es doch ein paar Tage, genau dahinterzukommen. Und noch einen oder zwei, es zu praktizieren. Die vermeintliche Ereignislosigkeit entspannt. Und ein bisschen ist da auch Vorfreude: auf die nächste Naturgewalt, den nächsten nächtlichen Sturm. Auf noch höhere Wellen, auf etwas, das niemand beeinflussen kann.

Die Wellen haben Bierflaschen gebracht, sie am Wildstrand angespült. Sie sind leer: kein Bier mehr drin, keine Flaschenpost dabei. Von einer haben Salzwasser und Sand das Etikett noch nicht ganz abgeschrubbt. »Cabo Verde« steht darauf. Irgendwie wird die Buddel den Weg hierher gefunden haben: von den Kapverden an den portugiesischen Strand. An meinen Strand. Zerrissene armdicke Taue liegen etwas abseits davon zu Füßen des Dünenkammes, daneben eine Boje mit neongrellgrünem Fähnchen. Der Wind hat bereits Löcher in den Saum des Stoffes gerissen.

All das wird hier bleiben, bis die Brandung irgendwann so stark sein wird, die Dinge ganz plötzlich zu holen, sie wieder mitzunehmen und bald darauf woanders abzulegen. All das wird die allein vom Zufall diktierte Reise fortsetzen. Wegsammeln wird es niemand. Nicht hier draußen, nicht im Off gut acht Kilometer entfernt von Palheiros da Tocha.

Wenn man hier so vor sich hin läuft, wächst die Überzeugung, der Strand werde nie mehr enden, nirgendwo. Er reicht bis hinter den Horizont. Egal wie lange und wie weit man schon gegangen ist. Fußspuren im Sand? Nur die eigenen. Für die Einheimischen ist es so normal, dass der Strand da ist. Und dass es so viel davon gibt. Und Fremde sind im Winter keine hier. Fast.

Am vierten Morgen im Café ist es der wortkarge

Mann am Nebentisch, der unvermittelt eine Frage hat: »Und wie heißt du?« Ich zucke mit den Schultern. Und grinse. Er grinst auch. Wir prosten uns mit Kaffee zu. »Jetzt bist du angekommen«, sagt er, steht auf, klopft mir im Vorbeigehen auf die Schulter. »Willkommen«, sagt er noch, und »Bis morgen.« Er grinst noch mal. »Bis morgen«, antworte ich und »*Bom dia,* einen guten Tag.« Was für ein schöner Ort für den Februar, dieses Palheiros da Tocha. So herrlich entspannend.

Das eigene Leben ins Museum tragen

Schiffsschreiner Carlos Santos aus Peniche

Wie gut, wenn man weiß, wie es mit der eigenen Werkstatt eines Tages weitergehen wird. Gerade in der Wirtschaftskrise, erst recht in einer aussterbenden Branche. Wie schön, dass sich endlich einer gemeldet hat, der die Schiffsschreinerei von Carlos Santos in Peniche an der portugiesischen Atlantikküste übernehmen wird, wenn der Siebenundsechzigjährige keine Lust mehr haben und Hammer, Hobel und Sandpapier endgültig zur Seite legen wird.

Das Ortsmuseum übernimmt seine *carpintaria naval*, demontiert alles: die Werkbank, die teils über ein halbes Jahrhundert alten Maschinen, nimmt all die Stemmeisen, die Hobel, die Fußballer- und Musikerfotos, sogar den Playmate-Kalender von 2016, den Carlos ab »Miss Januar-Februar« nicht mehr umgeblättert und nicht mehr durch den Nachfolgejahrgang aktualisiert hat. All die Monate, die Tage, ihre Daten – das ist egal geworden, seit er vor inzwischen fast zwei Jahren offiziell in Rente gegangen ist und inoffiziell genauso weitermacht wie zuvor und jeden Tag durch die Rua das Arribas do Mar zur Arbeit geht, die beiden großen Tore öffnet, damit frischer Wind durch die Werkstatt weht.

Und loslegt. Mit Blick auf den Atlantik. Und auf die blonde Miss Januar-Februar 2016. Sie scheint es ihm irgendwie angetan zu haben.

Früher, da hat Carlos Santos hier ganze Fischerboote gebaut. Noch heute repariert er die älteren von ihnen. Es werden immer weniger – weil Fiberglas und Metall sich durchgesetzt haben und kaum einer noch viel Geld in den Erhalt seines alten Holzbootes investiert. Eher wird es ausrangiert und ein modernes angeschafft – wenn denn genügend Geld dafür da ist.

Ersatzweise ist seit einigen Jahren neue Kundschaft hinzugekommen: Es sind die Freizeitsegler mit ihren liebevoll gepflegten Holzschiffen – ein paar Einheimische und mehr noch welche auf Durchreise entlang der Atlantikküste, die zu den Kanaren, nach Madeira und Porto Santo wollen oder sogar von hier aus mit den Inseln als Zwischenstationen transatlantik segeln wollen. Oft rufen welche von ihnen ganz hektisch aus dem Hafen an, weil sie noch mal eben auf die Künste eines Handwerkers wie Carlos Santos angewiesen sind. Auf seinen Kennerblick, sein Händchen für Holz, sein Knowhow über Bootsbau. Und manchmal auch auf sein Improvisationstalent, wenn es darum geht, am besten über Nacht passgenauen Ersatz zu fertigen und einen kleinen Schaden zu beheben. Eine Reparatur am Ruder für die Jacht mit Heimathafen Neustadt/Holstein? Einen Schaden an der Pinne bei einem Boot aus Bremen beheben? Alles kein Problem.

Drei Schiffsschreiner leben noch in Peniche,

dieser alten Sechsundzwanzigtausenfünfhundert-Einwohner-Stadt ungefähr hundert Kilometer nördlich der Hauptstadt Lissabon, die irgendwann zum Surfer-Hotspot wurde, als sich herumsprach, was für Wellen der Ozean hier auf die Strände vor allem am südlichen Ortsrand schiebt. Die beiden anderen arbeiten fast ausschließlich im sechzig Kilometer entfernten Nazaré, nur Carlos Santos hält vor Ort die Stellung. Nachfolger hat keiner von ihnen.

Wie das mit dem Aufhören ist? »Ganz entspannt«, sagt der hagere Mann mit der Hornbrille. »Es macht mir alles noch immer Spaß, seit ich mit sechzehn damit angefangen habe. Und seit ich das Pensionsalter erreicht habe, fühlt es sich nun wie ein schönes Hobby an. Ein Kunstmaler«, setzt er noch wie zur Rechtfertigung nach, »legt die Pinsel ja auch nicht aus der Hand, sobald er Rente bekommt. Er malt einfach weiter. Aber vielleicht mit etwas weniger von all dem Alltag auf den Schultern.« Er greift nach seinem Bleistift, kritzelt eine Skizze auf eine Planke.

Tatsächlich ist er erleichtert, dass das Stadtmuseum im alten Fort in gerade mal fünfhundert Metern Entfernung alles übernehmen und ausstellen wird: »Es hätte mir das Herz gebrochen, hier einfach nur zu entrümpeln, meine Werkzeuge, all diese Begleiter durch fünfzig Jahre Berufsleben, einfach so wegzuschmeißen, ein letztes Mal die Tür hinter mir zuzuziehen und für immer abzuschließen.«

Die Finger der rechten Hand spielen mit einem

Bleistiftstummel, während er spricht. Die Brille liegt derweil auf der Werkbank. Seine Gesichtszüge, der Augenausdruck – all das signalisiert: Dieser freundliche alte Mann in Polohemd, Pulli und Jeans, mit der wettergegerbten Haut und den Fältchen im Gesicht ist mit sich im Reinen.

Was er als Bootsbauer am liebsten getan hat? »Mit Pinie arbeiten«, sagt er. »Sie fügt sich, ist kooperativ. Sie macht mit bei dem, was man als Schreiner mit ihr anstellen will.« Früher hat er in dieser Werkstatt, die er bereits von seinem Vater übernommen hat, ganze Rümpfe gebaut – die der kleineren Fischerboote und von Segelschiffen, hat sie durchs Tor ins Freie geschoben und über den Sand der Straße hangabwärts in Richtung Ozean gezogen, zu Wasser gelassen und dort weiter ausgebaut. Vor ein paar Jahren haben sie ihm die Straße einfach asphaltiert. »Das Verkehrsaufkommen«, haben sie gesagt, von »Notwendigkeit« und »geht nicht anders« gesprochen, obwohl hier an verkehrsreichen Tagen nur alle zehn Minuten ein Auto vorbeikommt. Und spätestens als an der nächsten Kreuzung zwei neue Häuser hochgezogen wurden, ging wirklich nichts mehr: zu eng für ein Boot. Die neue Zeit und sein altes Gewerk passten nicht mehr zusammen – nicht jedenfalls an diesem Standort. Er blieb trotzdem, hat damals einfach einen neuen Monat in seinem Playmate-Kalender aufgeschlagen und weitergemacht. Boote hat er hier seitdem keine mehr gebaut. Aber passgenauen Ersatz gefertigt, ausgebaute Teile repariert, sogar Schiffsmöbel konstruiert. Aus der Mini-

Werft am falschen Platz ist ein reiner Reparaturbetrieb geworden. Und auch das hat funktioniert. Die Weltumsegler konnten auf ihn zählen – sie können es auch weiterhin.

Ein eigenes Boot aber hat Carlos Santos sich nie gebaut: »Ich hätte es natürlich gekonnt. Aber ich kann auch mit anderen hinausfahren. Ich habe nie ein eigenes gebraucht. Und, ehrlich gesagt, ich bin gar nicht so gerne da draußen auf dem Meer. Ich werde zwar nicht seekrank. Aber das da ist das Reich der Fischer, der Seefahrer. Mein Leben spielt an Land.« In dieser Werkstatt von vielleicht siebzig Quadratmetern Größe. Mit dieser gewissen Patina aus Spänen und Meersalz, dem Geruch nach Holz und Schutzanstrichen. Und im Stadion von Sporting Lissabon, seinem Lieblingsverein! Früher ist er regelmäßig mit dem Auto zu den Heimspielen in die Hauptstadt gefahren. Seit die Autobahn mautpflichtig geworden ist, ist es ihm zu teuer – und über die Landstraße zieht sich die Fahrt ewig hin. Er verfolgt die Spiele jetzt zusammen mit Freunden vor dem Fernseher in der Bar. Ihre Stadionatmosphäre schaffen sie sich auch dort, dafür müssen sie Peniche nicht mal verlassen.

Wenn es ihn doch mal nach Lissabon zieht, dann des Kinos wegen. Das in Peniche hat vor Jahren einfach dichtgemacht – ganz ohne im Stadtmuseum drüben im alten Fort am Hafen wieder aufgebaut zu werden. Denn Carlos Santos ist nicht nur belesen, sondern auch leidenschaftlicher Filmfan. Während der Salazar-Diktatur bis 1974, als ausländische

Filme in Portugal weitgehend verboten waren, hat er heimlich welche geschaut, liebt seitdem Charlie Chaplin und Marilyn Monroe.

Wenn man mit dem Finger schnippen könnte, in derselben Sekunde noch mal zwanzig wäre und über einen Neustart entscheiden könnte: Was Carlos Santos dann machen würde? Er legt den Bleistiftstummel zur Seite, ist kurz ganz konzentriert, lächelt schließlich: »Dasselbe noch mal«, sagt er. »Wieder Bootsschreiner. Wieder hier. Genau hier. Oder etwas mit Film oder Kunst. Am besten auch hier.«

Was derweil aus der blonden Miss Januar-Februar 2016 mit der Löwenmähne wird? Nimmt er sie mit nach Hause, wenn er eines Tages hier aufhört? Jetzt lächelt er ein wenig verlegen. »Sie gehört zur Werkstatt und kommt ins Museum. Zu Hause hat sie nichts zu suchen.«

Die Fischer, die die Zeit anhalten

Auf den vergessenen Inseln vor der Küste der Algarve

Nur der Wind schaut vorbei. Er trifft sich hier mit der Sonne. Und sonst ist fast niemand da: an diesem Vormittag nur zwei, drei Paare mit ihren Badelaken und einem Sonnenschirm am neun Kilometer langen Sandstrand – weil fast keiner von dieser Insel und ihren vier Nachbareilanden weiß. Auch nicht davon, dass Sonne und Wind sich hier zum Spielen verabreden. Zwei Orte nur gibt es, und kein einziges Hotel, keine Pension – weil die Einheimischen so etwas hier nicht wollen. Es würde Unruhe in ihren Alltag bringen, das Leben verändern – das der neunhundertachtzig Einwohner von Culatra, fast alles Fischer oder Muschelfarmer mit ihren Familien, und das der vierzehn Einwohner von Farol im äußersten Inselwesten, von denen die Hälfte als Leuchtturmwärter arbeitet. Ihr gemeinsames Ziel: die Zeit anhalten, den Alltag festhalten, das vertraute Leben so führen wie seit jeher. So lange es irgendwie geht.

Die fünf Eilande vor Faro und Olhão, die die Ria-Formosa-Lagune zum offenen Atlantik hin wie ein Riegel schützen, sind die vergessenen Inseln der Algarve: Eilande mit nichts als kleinen Fischersiedlungen und Straßen aus Sand, mit Bars und Restaurants unter Sonnenschirmen und Markisen, mit kilometerlangen Dünenstränden und ganz ohne Autos. Nur ein paar Traktoren zum Lastentransport durch den Sand sind dort unterwegs, wenn wieder mal ein paar Kisten Bier, eine Palette Mineralwasser und ein paar Kartons mit *Cachaça*-Flaschen angelandet werden. Sie tuckern vorsichtig durch die Gassen zu den zwei Tante-Emma-Läden und den Gaststätten, um nur ja nicht mit den vielen Blumentöpfen vor den Häusern, den Verandamäuerchen, den halb im Sand versunken Kästen oder den Ästen manchen *Medronho*-Baumes zu kollidieren.

Das Festland mit seinen Touristenhochburgen ist nur drei Kilometer Luftlinie entfernt. Trotzdem braucht die Fähre von Olhão auf Zickzackkurs vorbei an Sandbänken und Untiefen zwischen dreißig und fünfundvierzig Minuten bis zum Anleger der Hauptinsel Culatra, die so heißt wie ihr größter Ort. Meistens vier-, im Sommer bis zu siebenmal am Tag fährt das alte Schiff und hat neben Einheimischen und Paletten mit Getränkekisten allenfalls Tagesbesucher mit an Bord. Bis nach sieben am Abend, wenn die letzte Fähre zurück ablegt, bleibt nur, wer sich später ein Wassertaxi zum Festland ruft – oder einen kennt, der einen kennt, der sein Häuschen auf Culatra vermietet. Wer noch keinen kennt, muss am nächsten und am übernächsten Tag wiederkommen, jedes Mal beim Bier für einen Euro dreißig oder der gegrillten Makrele für sieben Euro im Restaurant nach einem Quartier fragen, bis ihm schließlich irgendwer eines empfiehlt, weil er all die Tage so sympathisch gewirkt hat. Über Veranstalter jedenfalls gibt es keines dieser Fischerhäuschen, und alles in allem sind es in Culatra maximal eine Handvoll, in Farol ein paar mehr, die zu haben sind.

Auf Dauer leer stehende Häuser gibt es deshalb nicht, weil es keine Flucht in die Stadt, kaum Wegzug gibt: »Die haben zu wenig Wasser dort drüben auf dem Festland, nur an einer Seite, nicht drumherum wie bei uns«, scherzt Helder Mendonça. Außerdem sei es dort zu laut, zu schnelllebig – nichts, wo man auf Dauer sein mag. Der Mann mit dem Uniformhemd ist froh, dass er zurück ist. Er lebt zum dritten Mal hier und hat eigentlich nie weggewollt. Als Sohn eines der Leuchtturmwärter aus Farol kam er hier vor bald vier Jahrzehnten zur Welt und wuchs im Schatten des zweiundvierzig Meter hohen Ausrufezeichens aus Stein und weißem Putz auf. Sein Spielplatz war die zweihundertzwanzig Treppenstufen vom Erdboden entfernte Plattform mit dem riesigen rotierenden Spiegel. Die Tanzfläche seiner Jugend war der Strand vor der Haustür, wenn sie abends alle hingingen, Musik machten und feierten. Zur Ausbildung musste er aufs Festland – um anschließend zurückzukehren und den Job des Vaters zu übernehmen. Nach fünf Jahren wurde er routinemäßig auf einen Turm bei Lissabon versetzt, und jetzt ist er endlich zurück: wieder für eine Fünf-Jahres-Schicht in Farol, mit guten Verbindungen vielleicht sogar für etwas länger. Sein eigener Sohn wird demnächst sechs, die Tochter ist gerade ein Jahr alt. Sie haben das Glück, genauso aufzuwachsen wie ihr Vater. Was aus seinem Sohn João einmal werden soll? Helder lächelt. »Am besten Leuchtturmwärter, am besten hier. Wenn es diesen Beruf dann noch gibt.« Jetzt liegt Melancholie in seinem Blick.

Es ist nicht ausgeschlossen, dass irgendwer die fünf Inseln bis dahin in die Zeit zurückgeholt haben wird: »Jetzt ist der Kontinent noch eine Ewigkeit weg. Vielleicht sind es bald wirklich nur noch die drei Kilometer.«

Die Fischer von Culatra, die Leuchtturmwärter von Farol, die paar Familien aus Hangares, die Muschelfarmer aus Armona haben ein gemeinsames Ziel: unbedingt weiter die Zeit anhalten – allerdings ohne Radikalität, ohne Geschrei, ganz im Stillen. Nichts ändern. Weiter ihre Arbeit machen, ihren Alltag leben. Es ist ihnen bisher ziemlich gut geglückt. Auch wenn sich ab und zu irgendwer hinter einem Schreibtisch einer Festlandbehörde an sie erinnert, Akten durchstöbert, wieder mal feststellt, dass fast keines der Häuser eine Baugenehmigung hat und auch sonst ziemlich wenig der gewohnten Ordnung entspricht und mit »Maßnahmen« droht – sogar damit, die Bulldozer zu schicken und Häuser wieder abzureißen. Jedes Mal sind die Menschen auf den Inseln in heller Aufregung, wenn wieder so etwas geschehen ist, einer über irgendwas gestolpert ist, Fristen setzt, sie ablaufen – und dann fast immer doch nichts weiter passiert.

Die Inseln hier sind tatsächlich aus der Welt gefallen, und seit jeher bestimmen vor allem Mond und Gezeiten den Ablauf allen Tuns. Am Anfang steht jedes Mal die Fangfahrt hinaus auf die Lagune oder auf den Atlantik. Meist gegen Mittag sind die Männer und mit ihnen die zwei Fischerinnen des Ortes zurück, haben dann ihre Ausbeute bereits drüben auf dem Festland in Olhão angelandet, knoten ihre kleinen Boote mit so schönen Namen wie »Sempre Amigos«, Für immer Freunde, oder »Deus del Mar«, Gott des Meeres, wieder an den Steg zu Hause in Culatra oder ziehen die Nussschalen auf den Strand. Gemeinsam mit Sandro Manuel, der den ganzen Tag nichts anderes macht, sortieren sie am Ufer noch die Netze, verschwinden dann auf ein Bier und einen Schnaps in einer der Bars, diskutieren über Fußball und halten bald darauf Mittagsschläfchen mit dem Rücken an die schattige Wand der kleinen Kirche gelehnt. Und am Nachmittag, wenn der Geruch von gegrilltem Fisch aus jedem Innenhof aufsteigt, gehen sie nach Hause zu ihren Familien. Abends ist es schnell ruhig im Ort, denn die meisten müssen früh in der Nacht schon wieder hoch und aufs Meer hinausfahren.

Nur auf dem Fußballplatz ist dann noch etwas los. Der Dorfverein ist gerade von der fünften in die vierte Liga aufgestiegen. »Wer da bestehen will, muss viel trainieren«, meint Adelino Guerreiro, der direkt gegenüber der beliebtesten Bar wohnt und das Wappen seines Lieblingsfußballclubs Sporting Lissabon neben die Haustür gemalt hat. Traurig ist er, dass nun nicht mal mehr die Heimspiele der Inselmannschaft auf Culatra ausgetragen werden dürfen. Denn ab der vierten Liga ist in Portugal die internationale Normgröße eines Fußballplatzes festgeschrieben. Und der Platz auf Culatra ist nicht lang genug. Und zu schmal. Weil man sich hier aus Normen noch nie viel gemacht und dabei ziemlich wohlgefühlt hat.

Seit dem Aufstieg tuckern Spieler und Fans nun immer mit der Fähre hinüber nach Olhão und weiter Richtung Faro. Dort hat man ihnen ein Stadion für die Heimspiele geliehen. Nur sieht es drum herum gar nicht nach Heimat aus. Die kleinen eingeschossigen, pastellfarben getünchten Bauten fehlen, die Verandas mit den vielen Blumentöpfen, all der Sand. Und die Ruhe, diese unfassbare Gemütlichkeit.

»Culatra«, sagen die Leute vom Festland, »sieht aus, als hätte es einen Landstrich aus dem Nordosten Brasiliens vor Europas Küste gespült. Und irgendwie fühlt es sich dort auch so an.« Neunhundertachtzig Fischer und ein paar Leuchtturmwärter hoffen, dass es noch lange so bleiben wird.

Im Land der alten Eichen

Wo die Korken wachsen: Unterwegs in den Korkeichenwäldern im Hinterland der Algarve

Der alte Baum bekommt selten Besuch. Manchmal nur wandern ein paar Urlauber mit Picknickrucksäcken vorbei, ganz selten breiten sie ihre Decken unter ihm aus. Inzwischen nehmen sie meist andere Pfade, seit der Wind in einer stürmischen Sommernacht einen hölzernen Wegweiser umgeworfen hat und Thymian und Rosmarin nun die einstige Orientierungshilfe überwuchern. Aber José Galego schaut ein-, zweimal im Jahr vorbei. Er braucht kein Hinweisschild, kommt seit Kindheitstagen, kennt den Baum, seit er denken kann. Und jeden Weg dorthin. Er streicht dann fast zärtlich mit der rechten Hand über den Stamm, hält die Nase ganz nah an die schorfige Rinde heran, und für eine Sekunde sieht es so aus, als wollte der bald achtzigjährige Mann die knorrige Eiche küssen. Galego schaut den Stamm hinauf, schnuppert an anderen Stellen, streichelt wieder. Und macht sich am Ende eine Notiz.

Manchmal hockt er sich anschließend hier ins Gras, lehnt dann seinen Rücken an den kräftigen Stamm, holt Wurst und Brot und Käse heraus und bereitet sein Picknick, hält manchmal auch ein kurzes Mittagsschläfchen, während die Sonne hier im

Hinterland der Algarve durch die Blätter blinzelt. Als ob der Baum und der alte Mann Freunde wären.

Alle neun Jahre bringt Galego eine spezielle Schälaxt mit und einen kleinen Traktor mit Anhänger. Dann ist er zur Ernte da, nimmt seinem Baum und ein paar Dutzend anderen in dem Waldstück hier bei Farrobo eine halbe Autostunde von Faro die Rinde ab.

Er erntet den Kork – und achtet dabei genau darauf, die unterste Zellschicht nicht zu verletzten, damit alles wieder gut nachwachsen kann und er und später seine Kinder und Enkel noch möglichst lange und möglichst oft ernten kommen können. Und möglichst viel. Hundertfünfzig Jahre alt kann so ein Baum werden – und bis zu achtzehnmal geschält.

Hat er die Rinde abgetragen, klopft er den großen Baum zärtlich, als wären sie alte Kumpel, die sich jetzt länger aus den Augen verlieren würden und doch sicher sind, dass es eines Tages ein Wiedersehen geben wird. Galego sprüht mit Farbe eine Jahreszahl auf den Stamm oberhalb der Erntegrenze – die 15 für 2015. Zur nächsten Ernte im Jahr 2024 wird jemand anders kommen. Galego wäre dann um die neunzig. Aber zwischendurch wird er vorbeischauen, zum Streicheln und Schnuppern und um zu sehen, wie sich die Rinde entwickelt. Um seine Notizen zu machen. Und um mit dem Rücken an dem alten Baum im dünnen Gras zu sitzen und sich zu entspannen.

Die Wälder hier im Süden Portugals sind eher

Haine als Dickicht, viele Korkeichen ganz gut zugänglich. Sie sind Nutzland, und die Bäume brauchen gewissen Freiraum, um reichlich Rinde zu entwickeln. Seit Jahrhunderten ernten Kleinbauern hier Kork und verkaufen das Rohmaterial an weiterverarbeitende Betriebe. Sechzig solcher Fabriken gab es hier noch vor zehn Jahren. Nur noch sechs sind es heute – weil die Nachfrage nach Kork rückläufig ist und immer mehr Winzer anders als ihre Väter Plastikkorken nicht mehr als Kulturbruch ansehen, sondern auf das Material aus dem Chemiebaukasten umgestiegen sind – hier in Portugal und anderswo in der Welt.

Was aus den Wäldern werden soll, wenn ihr Rohstoff nicht mehr gebraucht wird? Aus diesen grünen Bändern, die sich scheinbar endlos weit über sanfte Hügel spannen und zwischen denen manchmal eines dieser kleinen Dörfer mit den kopfsteingepflasterten Straßen und den weiß getünchten ein- und zweigeschossigen Häusern kauert, mit Tante-Emma-Laden und Bar, manchmal mit kleinem Restaurant und mit Tankstelle? Nichts, solange niemand das Land für etwas anderes braucht. Das wäre das Beste – jedenfalls für das Gesicht dieser Gegend. Es würde ein Stück altes Portugal in eine neue Zeit hinüberretten.

Der Tourismus kann dabei helfen. Deshalb werden nun Wanderwege ausgeschildert, Bereiche unter Naturschutz gestellt, deshalb ist die touristische »Route des Korks« ins Leben gerufen worden. Und aus demselben Grund hoffen die Herbergsväter von Kleinstadthotels ebenso wie die Wirte von nur ein paar Zimmer großen Dorfpensionen nun auf den Fremdenverkehr, der sich bisher fast ausschließlich entlang der Küsten abspielt.

José Galego hat noch nie verstanden, warum all die Urlauber von weither nicht viel zahlreicher ins Hinterland strömen, den hausgemachten Kuchen und die Süßigkeiten seiner Tochter in der kleinen Konditorei der Familie direkt an der Landstraße kaufen, den Honig vom Imker aus dem Nachbarort oder das kalt gepresste Olivenöl aus der Mühle zwei Orte weiter. Es ist ihm ein Rätsel, warum sie an den Steilküstenstränden und in den Ferienanlagen bleiben. Wo es doch so viel mehr gibt.

Manchmal sind Ameisen da und laufen den Stamm hoch, wenn Galego seinen Lieblingsbaum besucht. Ab und zu turnen Bienen über die riesigen Distelblüten in der Nachbarschaft. Sie sind es, die mit ihrem Summen für die Akustik in den Korkeichenwäldern sorgen – zusammen mit den Vögeln, die hier singen und die Landschaft in so etwas wie ganzjährigen Sommersound verpacken. Die nächste größere Straße ist meist weit, und nur manchmal sind beim Wandern von irgendwoher Kirchturmglocken oder die Fahrgeräusche eines Traktors zu hören. Dabei ist der Baderummel an den Stränden der Algarve und den Pools jener Ferienhotels kaum fünfundzwanzig Kilometer entfernt und doch gefühlt eine halb Welt weit weg.

Ob seine Familie diese Bäume gepflanzt und das Waldstück hinterm Haus mit der Konditorei angelegt hat? »Es sind Hunderte Bäume, Tausende vielleicht«, murmelt Galego, lehnt sich an den Stamm und schließt die Augen. »Niemand hat sie gepflanzt, sie kommen von selbst, neulich erst wieder einer: Er kam mitten im Garten aus dem Boden.« Ganz stimmt das nicht, denn auch seine Väter und deren Väter haben sich bereits um die Korkeichen gekümmert. Aber es klingt schön, für alles einzig die Natur verantwortlich zu machen. Und es fühlt sich gut an. Tatsächlich sind die Wälder seit Jahrhunderten in Plantagenmanier kultiviert – nicht angepflanzt, um das Holz eines Tages schlagen zu können, sondern vielmehr um über möglichst lange Zeit hinweg immer wieder ihre Rinde ernten zu können.

Gut fünfzig Euro bekommt ein Bauer in den weiterverarbeitenden Fabriken für fünfzehn Kilo in guter Qualität. Doch gewogen wird erst zwanzig Tage nach Anlieferung. Bis dahin verliert die Rinde durch die Trocknung noch jeden Tag ein Prozent an Gewicht. Anschließend wird sie eine Stunde bei hundert Grad zur Desinfektion gekocht, dann gepresst, schließlich wieder getrocknet, zugeschnitten, weiterverarbeitet.

Auriliano André ist seit fünfundfünfzig Jahren in der Korkfabrik bei São Brás de Alportel beschäftigt, hat schon mit elf hier angefangen. »So war das damals«, sagt er und zieht sein scharfes Messer durch eine Korkbahn. Was ihn der Job gelehrt hat? »Viel«, sagt er. »Zum Beispiel keinen Wein mit Plastikverschluss zu kaufen. Denn dem fehlt das Leben.«

Das sieht César Correia genauso. Ihm gehört

Die Welt hat viele Farben

Picus Lesereisen

Die Picus Lesereisen und Reportagen

Erstklassige ortskundige Autorinnen und Autoren berichten von fast hundertfünfzig Zielen auf der ganzen Welt. Im Mittelpunkt steht dabei das persönlich Erlebte und Erlebbare, die Begegnung mit dem Alltag der jeweiligen Schauplätze ebenso wie mit deren Eigenheiten und Absonderlichkeiten. Ideal sowohl für die Reisevorbereitung und -begleitung als auch für das bequeme Reisen im Lehnsessel daheim.

Jeder Band gebunden mit Schutzumschlag € 15,-
E-Books € 9,99

Abu Dhabi
Helge Sobik · Fabian von Poser,
Lesereise Abu Dhabi.
Mona Lisa im Meer aus Sand
978-3-7117-1019-2
E-Book 978-3-7117-5117-1

Afrika
Andreas Altmann,
Lesereise Afrika.
Im Herz das Feuer. Quer durch den Kontinent
978-3-7117-1023-9
E-Book 978-3-7117-5114-0

Afrika Süd
Barbara Schaefer · Rasso Knoller,
Lesereise Südliches Afrika.
Von der Serengeti an den Elefantenstrand
978-3-7117-1059-8
E-Book 978-3-7117-5300-7

Albanien
Carola Hoffmeister,
Lesereise Albanien.
Die Möwe und der Freiheitskämpfer
978-3-7117-1025-3
E-Book 978-3-7117-5120-1

Amalfi
Barbara Schaefer,
Lesereise Amalfi/Cilento.
Wo die rote Sonne wirklich im Meer versinkt
978-3-7117-1044-4
E-Book 978-3-7117-5206-2

Amazonas
Matthias Matussek,
Lesereise Amazonas.
Im magischen Dickicht des Regenwaldes
978-3-7117-1060-4
E-Book 978-3-7117-5301-4

Andalusien
Ulrike Fokken,
Lesereise Andalusien.
Erdbeeren, Sherry und das ewige Morgen
978-3-7117-1037-6
E-Book 978-3-7117-5183-6

Apulien
Stefanie Bisping,
Lesereise Apulien.
Die Magie des Mezzogiorno
978-3-7117-1062-8
E-Book 978-3-7117-5311-3

Armenien
Barbara Denscher,
Reportage Armenien.
Im Schatten des Ararat
978-3-85452-977-4
E-Book 978-3-7117-5065-5

Australien
Rasso Knoller,
Reportage Australien.
Im Land der Regenbogenschlange
978-3-7117-1009-3
E-Book 978-3-7117-5039-6

Backsteinstädte
Kristine von Soden,
Lesereise Backsteinstädte.
Der Butt, die Baukunst und das Meer
978-3-85452-958-3
E-Book 978-3-7117-5063-1

die modernere Korkfabrik »Nova Cortica« ein paar Straßen weiter, er setzt zur Zukunftssicherung auch auf die Ideen seiner Tochter: Sie hat Handtaschen und Regenschirme aus Kork entwickelt, setzt das flexible Material wie Leder ein, sogar Korkfußbälle und -gürtel gibt es nun. Inszeniert wird all das als zeitgeistiges Designprodukt – und verkauft wird es in Boutiquen.

Ob er als Fabrikant eine Beziehung zu den Bäumen hat? Correia schaut kurz irritiert, antwortet dann: »Oh ja, nicht zu jedem zwar. Aber zu einem ganz besonders. Zu der Korkeiche, in deren Schatten ich erstmals meine zukünftige Frau geküsst habe. Heimlich, weil die Eltern noch nichts davon wissen sollten.« Den Baum gibt es noch heute. Sie gehen an den Feiertagen mit ihren Kindern dorthin, nehmen Picknicksachen mit. Und manchmal kommen Fremde vorbei, die kurz grüßen: die ersten Wanderurlauber auf Tour durch die Korkeichenwälder.

Strände vor der Entdeckung

Unterwegs an der Küste des Alentejo

Fünfzig Jahre lang fuhr Maria Gato aus Carrasqueira mit ihrem kleinen Holzkahn fischen. Kaum größer als ein Ruderboot ist er – eine Nussschale nur. Heute ist die Frau mit dem freundlichen Lachen fast siebzig und geht zu Fuß, verfolgt von ihren drei Hunden, zum Gemeindeschwimmbad und planscht dort an heißen Sommertagen zur Abkühlung ein bisschen im Wasser herum. Warum sie nicht unten am Rio Sado oder ein paar Kilometer weiter am Meer baden geht wie die Urlauber, die extra wegen der nahen Strände von Tróia, von Comporta und Pinheirinho angeflogen kommen? Erst zögert sie, dann gibt sie es doch preis: »Ich bin zu skeptisch«, sagt die Frau leise, obwohl sie so lange Fischerin war. Sie traue dem vielen Wasser nicht – denn sie habe nie schwimmen gelernt, deshalb niemals im Meer gebadet.

Wie sie denn dann ohne Sorge bei Wind und Wetter hinausfahren konnte? Ein Leben lang? »Ich hatte ja das Boot. Und meinen Mann, der auch mit war«, sagt sie, lächelt, nimmt noch einen Schluck aus dem schweren hellblauen Kaffeebecher auf ihrer Veranda. Ob sie noch schwimmen lernen will? »*Não*«, sagt sie, »Nein.« Sie könne das Meer ja anschauen. Vom Ufer aus. Oder vom Boot. Aber hineinsteigen und dort schwimmen: noch mal »*Não*«. Im Pool ist das Ufer näher, alles ist überschaubarer, und andere sind stets in Sichtweite, um im Zweifelsfall helfen zu können. Außerdem gibt es keine Strömung, keine Strudel mit Sogwirkung, keine Ebbe und Flut: »Mein Ozean hat Fliesen«, sagt sie und lacht ein bisschen unsicher. Dabei ist ihre Entscheidung völlig in Ordnung, und nichts daran ist peinlich. Meer und Strand sind rund um die Welt vor allem für diejenigen ein Faszinosum, die so etwas nicht vor der Haustür haben. Und für diejenigen, die so leben wie Maria Gato aus Carrasqueira, nicht weit von der breiten Mündung des Flusses Sado in den Atlantik, ist beides Normalität. Maria Gato ist nicht alleine: Viele der Fischer können nicht schwimmen.

Es gibt viel Meer hier, reichlich Strand, die ganz große Weite. Denn geradeaus nach Westen kommt dort, wo Portugal endet, nur das Wasser – fünftausend Kilometer Atlantik mit ein paar Inselchen. Und bevor der Ozean beginnt, sind da diese Strände des Alentejo, erst die Dutzende Kilometer langen Dünen, weiter südlich dann Steilküsten und Klippen. Es sind lange, fast weiße Strände, und oft sind sie noch immer kilometerweit unverbaut.

Schon die alten Römer siedelten hier, errichteten mit den Möglichkeiten ihrer Zeit Fischfabriken und verkauften den in Salz konservierten Atlantikfisch, der in Tongefäßen transportiert wurde, bis nach Hause. Bis nach Rom. Ob sie auch Augen für die Strände hier hatten? Für die Dünen von Tróia, unter denen Archäologen die zweitausend Jahre alte Fischfabrik ausgegraben haben und Meter für Meter mehr von dem freilegen, was vor sehr langer Zeit unter dem wieder und wieder vom Wind umsortierten Sand der Dünen meterhoch überzogen und so durch die Zeiten bewahrt wurde? Das weiß man nicht. Aber anzunehmen ist es. Denn blind für die Reize dieser Region, in deren Hinterland sich Korkeichenwälder mit Weinfeldern abwechseln, werden sie kaum gewesen sein.

An diesem Morgen ist noch nichts los an der Praia da Comporta: zwei Autos auf dem Parkplatz vor der Beach Bar, die Tür gerade erst aufgeschlossen, Kaffeemaschine und Boxen eben erst eingeschaltet. Aber Gilberto Gil singt bereits von der großen Liebe, von Sonne, Sommer und Sand – weil Kellnerin Marta es so will und die passende CD eingelegt hat. Unten am Strand läuft derweil ein Pärchen in die Wellen und hält dabei Händchen. Fünfzig Schritte weiter steht ein Strandangler, und im Sand liegen Muschelschalen, die der Zufall zu kleinen Kunstwerken arrangiert hat. Wann hier denn mal richtig Andrang herrscht? »Nachher«, sagt Marta, »später am Vormittag. Dann werden ein paar Dutzend Leute hier sein.« Und jeder wird mindestens dreißig Meter Strand ganz für sich alleine haben. Es ist viel Platz an dieser Küste, allenfalls unmittelbar vor den Hotels von Tróia ist das anders – falls zufällig gerade August sein sollte.

Für Marta ist die Gegend das Zuhause. Sie hat keine Augen mehr für den warmen Wind, der die

Sandkörnchen an manchen Tagen in winzigen, fast unsichtbaren kleinen Wirbeln rotieren lässt. Es ist so normal für sie wie das viele Wasser vor der Haustür von Maria Gato. Die anderen reagieren da extrovertierter, manche sogar euphorisch. Die, die an einem schönen Samstagmorgen mit ihren Porsches und BMWs oder mit ihrem VW-Bulli und den Wellenreiter-Brettern auf dem Dach extra aus Lissabon kommen, die hundertfünfunddreißig Kilometer Fahrt gen Süden in Kauf nehmen und irgendwann am Vormittag den Zündschlüssel auf dem Parkplatz vor der Beach Bar aus dem Schloss ziehen. Sie haben Strandmatten und Sonnenschirme dabei, hippe Badesachen an. Sie kommen, um solche Strände zu erleben, um zu feiern.

Ins Alentejo reisen vor allem Individualtouristen – Leute, die mit dem Leihwagen oder dem Wohnmobil herumtouren. Oder Leute, die geführte Wander- oder Fahrradreisen gebucht haben und in kleinen Hotels, in Pensionen oder Ferienhäuschen absteigen. Oft und gerne sind sie nah dran am Alltag, am Lebensgefühl, an Menschen wie Maria Gato aus Carrasqueira, die sich über das Interesse der Fremden freuen und beim *meia de leite*, dem portugiesischen Milchkaffee, oder einem Glas leichtem Weißwein aus dem Hinterland ins Plaudern geraten.

Manchmal braucht es dafür keinen Wein, keinen Kaffee, nicht mal Mobiliar – nur einen Felsen wie den, auf dem Antonio Silva aus Brunheiras fast jeden Tag hockt. Er freut sich über Fremde, die den alten Fischerpfad Trilho dos Pescadores entlang der Steilküste nördlich von Vila Nova de Milfontes wandern und sich einfach zu ihm an die Kante setzen, die Beine wie er baumeln lassen und womöglich ebenfalls eine Angelschnur den Abgrund hinunterwerfen – oder nur schauen. Warum er hierherkommt? Weshalb dies sein Lieblingsplatz ist? Der Alte mit der Baskenmütze grinst: »Weil es nicht weit bis nach Hause ist. Weil die *sargos*, die Barsche, hier gut beißen. Und weil ich es liebe, auf die Wellen, in diese Weite zu schauen und dabei dem Wind zuzuhören, dem Gurgeln der Flut auf dem Grund der Bucht.«

Jetzt zieht es plötzlich an der Angel, und alle meditative Ruhe ist für einen Moment wie weggeblasen. Weil Antonio Silva recht gehabt hat. Die *sargos* beißen wirklich gut. Wieder hat er einen an Land und dann gleich weiter in den bereitgestellten Eimer befördert. Am Nachmittag auf dem Nachhauseweg wird er die Ausbeute an eines der Fischrestaurants verkaufen. »Frischer noch als von den Booten!«, sagt er. Die Gäste, die seinen Fang abends mit Kräutern und Zwiebeln gewürzt gegrillt bekommen, werden ihre Freude daran haben.

Gut achtzig Kilometer lang ist jener Trilho dos Pescadores zwischen Porto Covo und Odeceixe. Seit 2012 ist er ausgeschildert und firmiert als Teil der »Rota Vicentina«, eines Wanderwegnetzes durchs Alentejo.

Was Dona Idália aus Vila Nova de Milfontes davon hält? »Viel!«, sagt sie und nimmt eilig zwei kleine Schokokuchen aus dem Backofen. Gemeinsam mit ihrem Mann Antonio José betreibt sie eine Pension mit sechs Zimmern in einer schmalen Gasse mitten in der Altstadt. »Seit der Pfad ausgebessert und bekannter geworden ist, kommen mehr Gäste – Wanderurlauber von weit her, aus Deutschland, aus Frankreich, sogar aus Skandinavien.« Und jedem backt sie zur Begrüßung Kuchen – und serviert ein Gläschen Portwein dazu. Ist das die typische Alentejo-Gastfreundschaft? »Vielleicht«, sagt sie. »Aber vor allem ist es meine.«

Was sie tut, wenn die tief stehende Sonne den kleinen Leuchtturm von Vila Nova von weiß in orange umfärbt? Wenn Maria Gato oben in Carrasqueira den Tag mit einem Bad im Gemeindeschwimmbad beschließt und Antonio Silva längst vom Angeln zurück ist? Sie backt schnell noch ein Brot. Und noch mehr Kuchen. Für morgen. Weil ihre Wanderer weiter die Küste entlang gen Süden ziehen wollen – und noch Proviant brauchen.

Bom Dia, Dona Idália

Gästebuch: Casa do Adro in Vila Nova de Milfontes

Liebe Dona Idália, mir geht Ihre Gastfreundschaft nicht mehr aus dem Sinn: diese ungeheure Herzlichkeit! Und wie Sie nach der Verabschiedung noch Arm in Arm mit Ihrem Mann vor der Haustür Ihrer Pension »Casa do Adro« in der schmalen Altstadtgasse mitten in Vila Nova de Milfontes gestanden und uns hinterhergewunken haben, bis wir außer Sichtweite waren. Die meisten Wirte vermieten ein Bett, Sie öffnen Ihr Herz. Ich habe vor Ort versäumt, in Ihr Gästebuch zu schreiben. Bitte kleben Sie diesen Brief dort ein.

Von einer Sache bin ich inzwischen überzeugt: dass Sie Ihre sieben kleinen Zimmer überhaupt nicht vermieten, um damit Geld zu verdienen. Das geht auch kaum, angesichts all dessen, was Sie ganz nebenbei verschenken.

Ich glaube, Sie tun es wegen der Gesellschaft. Weil Sie so eine Freude daran haben, dass Menschen aus aller Welt zu Besuch kommen. Wer kein Portugiesisch kann, mit dem radebrechen Sie auf Englisch – und Ihr Mann auf Französisch. Und wo es keine sprachliche Schnittmenge mehr gibt, helfen Hände, Füße – und Ihr Lächeln.

Als wir ankamen, haben Sie uns auf den Zimmern besucht und jedem einen selbstgebackenen Kuchen geschenkt. Später stand da Ihr Mann mit einem Gläschen Portwein für jeden – auch zur Begrüßung. Und abends stand die Flasche einfach offen im gemeinsamen Wohnzimmer aller Gäste, falls sich noch jemand nachschenken möchte. In »richtigen Hotels« gibt es so etwas nicht. Dort regieren die Betriebswirtschaftler, dort geht es um Kosten-Nutzen-Rechnungen und Gewinnoptimierung. Ihnen ist egal, was es kostet, obwohl Sie nicht den Eindruck machen, reicher als all die Nachbarn dort in der Altstadt zu sein. Sie wollen einfach eine gute Gastgeberin sein. Sie erschaffen damit eine Wohlfühlatmosphäre, die es kaum noch gibt – völlig unabhängig davon, ob man Stickdeckchen mag. Klar, Ihre Pension ist kein Designhotel. Sie will es auch gar nicht sein. Sie ist das Privathaus eines älteren portugiesischen Ehepaars irgendwo im Alentejo abseits der touristischen Rennstrecken – nur einen kurzen Fußweg von herrlichen Sandstränden entfernt und mitten im Alltag.

Und wissen Sie, was absolut sensationell ist? Ihr Frühstück! Ich habe in keinem Luxushotel je ein besseres erlebt. Was für ein aromatischer frisch gepresster Orangensaft, was für eine Käseauswahl, was für Schinken! Und dann der selbst gemachte Obstsalat!

Eines gab es, was mir nicht so gefiel. Aber das liegt an der gewissen Enge, die ein Altstadthäuschen nun mal hat – und an mir. Ich sitze beim Frühstück nicht gerne mit Wildfremden um einen einzigen mittelgroßen Tisch herum, habe lieber etwas mehr Distanz. Aber ich verstehe, dass es bei Ihnen genauso dazugehört: Sie wollen nicht nur Besuch aus aller Welt in Ihrem Altstadthaus haben – Sie möchten die Menschen auch zusammenbringen. Manchmal werden wahrscheinlich Freundschaften daraus. Nur der Zufall entscheidet jeden neuen Morgen, ob die Gäste zueinander passen.

Sie, Dona Idália, machen das großartig! Das wollte ich noch sagen.

Der Rasen von Real Madrid

Im Alentejo wächst, was in Europas Fußballstadien ausgerollt wird

Es ist, als führte die Landstraße 393 zwischen Vila Nova de Milfontes Richtung Almograve und Zambujeira do Mar plötzlich mitten durch einen Park, in dem niemand spazieren geht, weil irgendwer die Wege vergessen hat. Kein Kind spielt auf dem mit der Nagelschere gepflegten Grün, kein Hund tobt hinter Frisbeescheiben her. Es ist, als führte die Landstraße über einen komplett ebenen Golfplatz von hundertfünfzig Hektar Größe – ohne Löcher, ohne Fahnen, ohne Golfcarts. Ein seltsames Bild. Irgendwie endzeitlich. In der Ferne tuckert derweil ein Traktor entlang, am Horizont zeichnet sich eine Halle ab. Und sonst? Es ist einfach keiner da. Und dass das so ist, ist Absicht.

Der Rasen hier braucht Ruhe, soll ungestört wachsen, weil ihm eine große Karriere bevorsteht. Und der vermeintliche Park ist gar keiner, sondern Nutzland. Was hier wächst, wird eines Tages mit Spezialmaschinen geerntet: Der Vorzeigerasen wird in breiten Bahnen geschält und mitsamt den Wurzeln und dem Boden gerollt. Bis zu eineinhalb Tonnen wiegt so ein Rolle und bringt es auf den Durchmesser eines städtischen Hauptabwasserrohres.

Denn was hier im Alentejo auf den Flächen der Farm Camposol wächst, geht überwiegend in den Export und ist für Fußballstadien gedacht. Real Madrid bekommt seinen Rasen aus dem Alentejo. Und auch die Fußballclubs von Sevilla, Valencia, von Malaga und Vigo stehen auf der Kundenliste, dazu die von Lyon und Monaco. Und natürlich die ewigen Rivalen Benfica und Sporting Lissabon.

Es ist ein Irrtum zu glauben, der Rasen eines Fußballplatzes wachse im Stadion: irgendwer säe ihn im Frühjahr aus, wässere und pflege ihn gut, und jedes Mal, wenn wieder dreiundzwanzig mehr oder weniger lauffreudige Herren alles halb kaputt getrampelt haben, richte sich das Grün einen Tag später wieder auf, bis endlich Saisonende ist. Ein großer Irrtum sogar. Die Vereine bekommen ihren Rasen regelmäßig aus Portugal geliefert – vom größten darauf spezialisierten Anbaubetrieb der iberischen Halbinsel: jedes Mal siebentausendeinhundertvierzig Quadratmeter mit Sode und Erdboden, geschält, gerollt, verteilt auf mehrere Lastwagen.

Geerntet wird im Alentejo in der Nacht, im Idealfall zwischen ein Uhr nachts und sechs Uhr morgens, denn je niedriger die Temperatur ist, desto größer ist die Chance, Gärung während des Transports zu verhindern. Premiumrasen wird sogar im Kühllaster transportiert – und idealerweise binnen vierundzwanzig Stunden auf gut gewässertem und absolut ebenem Stadionboden wieder ausgerollt.

1992 begann der Engländer Peter Knight hier mit

Grasmischungen zu experimentieren, 1998 gingen die ersten Bahnen Rollrasen in den Verkauf. Dabei macht das Prestigegeschäft mit den Fußballclubs, den Golfplatzbetreibern und ambitionierten Privatkunden nur etwa zwanzig Prozent des Umsatzes aus. Der Rest entfällt auf Karotten, auf Süßkartoffeln, auf Radieschen, Sellerie und Petersilie aus mehreren Hundert Hektar Anbaufläche gleich nebenan – vor allem für den Export an eine tschechische Supermarktkette und nach England. Warum? Weil hier im Winter problemlos gedeiht, was dort erst vom späten Frühjahr an sprießt. Und weil die klimatischen Bedingungen für Rasen perfekt sind. Ganzjährig.

Wie geht's, Vasco da Gama?

Der Mann heißt wie die längste Brücke Europas und mag das Alentejo-Städtchen Sines nicht sonderlich: Eine Begegnung mit Vasco da Gama in Lissabon

Vasco da Gama ist nicht zu Hause, und die Fensterläden des weiß getünchten Häuschens am Altstadtrand von Sines an der Alentejo-Küste sind geschlossen. Schon vor sehr vielen Jahren ist er ausgezogen aus dem Haus, in dem er einst zur Welt gekommen war. Er hatte Großes vor, konnte nicht länger bleiben. Die neuen Besitzer pflegen es gut und sind doch nicht oft da. An der Klingel steht kein Name, und aus dem Briefschlitz quillt Werbung hervor. Irgendwer hat im ersten Stock eine Gedenktafel an die Fassade gemörtelt – schon 1898: »Hier wurde Vasco da Gama geboren«, steht ein wenig verkürzt darauf. Wann das genau war, darüber streiten sich die Gelehrten. Die Geschichtsschreibung ist nicht ganz eindeutig – 1468 oder 69. Ein Detail nur, ein Jahr Unterschied bloß. Es ist nicht entscheidend. Wichtiger ist: Aus dem Jungen sollte der Entdecker des Seewegs nach Indien werden.

In Sines an der portugiesischen Atlantikküste sind sie heute stolz auf den großen Sohn, haben ihm ein überlebensgroßes Denkmal gleich neben dem Nordturm der Festung errichtet. Es zeigt einen stämmigen Mann mit Vollbart, mit breiten

Hüften, gerader Haltung und entschlossenem Blick. Er schaut weg von der Stadt, hinaus auf die Weite des leeren Ozeans, der hinten am Horizont noch genauso mit dem Himmel verschmilzt wie vor über einem halben Jahrtausend. Es ist derselbe Blick wie vom Balkon des Geburtshauses aus, das keine zweihundert Meter entfernt ist. Und es ist eine Aussicht, die einen fast zwangsläufig nachdenklich gemacht haben muss: ob hinter all dem Wasser nicht noch etwas kommt, wenn man immer nur geradeaus segelte. Oder, vielleicht noch spannender, ob alles Festland ein einziger großer Block aus Gestein, aus Erde und Sand, aus Pflanzen und Tieren, aus Städten und aus Menschen ist und man es immer der Küste entlang erst auf Süd- und irgendwann auf Ostkurs nicht umfahren können und die Rückseite erreichen müsste. Solche Gedanken werden den jungen Vasco da Gama, der mit diesem Blick vom Plateau der Stadt Sines aus hinab auf den Atlantik aufgewachsen ist, nicht mehr losgelassen haben.

All der Tatendrang, der daraus resultierte, hat ihm das Denkmal bei der Burg beschert. Und den Ruhm, neben Columbus und Magellan zu den großen Entdeckern gehört zu haben – nicht zu den Eroberern, den Schlächtern, die ihnen nachfolgen sollten, nicht zu den Cortez und Pizarros, den Azteken-Killern und Inka-Mördern in ihrer Goldgier. Da Gama suchte den Seeweg nach Indien nicht, um fremde Länder zu unterwerfen, sondern um das Monopol der Araber, der Perser und der Venezianer zu brechen, die den Handel kostbarer Stoffe und Gewürze über den Landweg beherrschten.

Lissabon ist zwei Stunden mit dem Auto von Sines entfernt. Ihn zieht es trotzdem nicht in die Dreizehntausend-Einwohner-Stadt mit dem Containerhafen und den Raffinerien: »Was soll ich da? Mich verbindet nichts mit diesem Ort«, sagt Dom Vasco da Gama heute, rückt die dunkle Hornbrille in seinem schmalen Gesicht zurecht, zupft am Sakko, streicht über den hellen Trenchcoat und greift nach seiner Tasse mit dem *café galão* auf dem Tischchen. Der Mann, Jahrgang 1954, trägt denselben Vornamen wie sein berühmter seefahrender Vorfahr. Wie die längste Brücke Europas, wie ein Krater auf dem Mond, ein Einkaufszentrum in Lissabon, wie Fußballvereine in Rio, Kapstadt und Goa. Nicht dass es eine Familientradition wäre, dass der älteste Sohn immer Vasco zu heißen habe. Ganz und gar nicht. Die Eltern haben es damals einfach so entschieden, als er zur Welt kam. Dass der Name einen schönen Klang hat und mal wieder passen könnte.

Dom Vasco Xavier Teles da Gama und Graf von Cascais kann seine Abstammung in siebzehnter Generation in direkter Linie auf den Entdecker des Seewegs nach Indien zurückführen. Vorteile bringt es ihm nicht – nicht mal in einer Polizeikontrolle, wenn er Pass und Führerschein zücken muss. Er ist weder prominent noch drängt es ihn zu Hause in Portugal in die Öffentlichkeit. Er ist zurückhaltend, vornehm, höflich, gebildet – und bekennender Monarchist. Wenn es nach ihm ginge, bekäme Portugal an Stelle eines Staatspräsidenten wieder einen König. Etwas mehr als ein Viertel der Landsleute teilt Umfragen zufolge diese Überzeugung. Es ist ein passiver Wunsch, eine Sehnsucht nach einstiger Größe vielleicht. Aktiv unternehmen sie nichts. Dafür auf die Straße zu gehen, passt nicht zum Ziel. Es ist zu wenig vornehm.

Ob Vasco da Gama die Leidenschaften des großen Vorfahren teile? Ob er gerne segeln gehe? Er lächelt. »Ich habe kein Boot. Ich hatte auch nie eines. Es geht noch weiter: Ich bin nicht mal gerne auf dem Wasser unterwegs. Und ich werde schnell seekrank.«

Nicht alles, scheint es, liegt in den Genen – oder es verwässert über die Generationen. »Der Ritterorden von Santiago«, erzählt er, »hat meinen Vorfahren damals aus Sines gejagt, er ist nach seinen Entdeckungsreisen nach Vidigueira umgesiedelt. Unsere Familie hat nichts in Sines, keinen Bezug mehr zu dieser Stadt.« Und als sie dort die neu gepflasterte Fußgängerzone eingeweiht haben, in deren Oberfläche mit dunkleren Steinen kunstvoll die Silhouetten von sogenannten *naus*, der breitbauchigen portugiesischen Karavellen-Variante seines berühmten Verwandten aus dem 15. Jahrhundert, eingearbeitet sind, ist er nicht hingefahren.

Es ist ein seltsamer Zwiespalt. Einerseits ist Dom Vasco stolz auf die Familiengeschichte, hat sogar mal in Los Angeles eine Auszeichnung für seinen Vorfahren entgegengenommen, der für solche Anlässe seit einigen Jahrhunderten verhindert und mittlerweile längst in einem riesigen Marmorsarkophag in der Kirche des Hieronymus-Kloster von Belém bestattet ist. Andererseits führt er sein ganz und gar eigenes Leben und hausiert nicht mit dem berühmten Namen. Er scheint so etwas wie der Hüter der Ehre und der Würde des Vorvaters zu sein – obwohl er sagt, dass er sich ihm nicht sonderlich nahe fühle, keine emotionale Bindung habe und nur selten zu dessen Grab gehe. Trotzdem klingt es seltsam melancholisch, wenn jemand, der Vasco da Gama heißt, im Kloster mit der rechten Hand flüchtig auf den Sarkophag deutet, dabei »Vasco da Gama!« murmelt und den Kopf im selben Moment senkt wie ein Dirigent, der allen Applaus seinem Orchester zugedenkt. Anschließend macht er zwei Schritte zurück und weiß nicht so recht, wo er seine Hände lassen soll: ob hinter dem Rücken, neben dem Körper oder gefaltet vor dem Bauch.

Ein bisschen ist es, als sagte dieser Mann mit jeder Geste, jeder Bewegung: Ich habe mich nicht in diese Rolle gedrängt, Verwandter einer historischen Persönlichkeit zu sein und auch noch genauso zu heißen. Aber wenn es denn sein muss, nehme ich sie an. Als Ururenkel. Als Adeliger. Als Monarchist. Und als Portugiese sowieso.

Die Frage, ob er jemals einem Fernando Magellan oder einem Christoph Columbus begegnet sei, ist vor dem Hintergrund seines Lebens deshalb kein halbgarer Spaß, sondern einer seriösen Auskunft würdig: »Magellan ist auf seiner Seereise gestorben. Meines Wissens hatte er keine direkten Nachkommen. In Spanien soll es Verwandte von Columbus geben, ebenfalls in siebzehnter oder achtzehnter Generation. Es gibt keine Kontakte zwischen uns.«

In Sines unterdessen hatte die Wirtschaftskrise ihre Spuren hinterlassen. Im Hafen war der Umschlag zwischenzeitlich deutlich zurückgegangen, und am Stadtstrand Praia Vasco da Gama feierten sie in den letzten Sommern nicht mehr so ausgelassen wie früher. Die Fischerboote, die im seichten Wasser dümpeln, warten noch immer auf einen neuen Anstrich, manche Restaurants in der Altstadt sind geschlossen, die Fenster zugeklebt, und auf Zetteln an den Türen werden neue Pächter gesucht. Viele Fassaden sind mit Graffitiparolen verunstaltet, aber auf dem Platz vor der Burg hat einer neue Sonnenschirme aufgestellt, neue Tische und Stühle angeschafft und versucht es noch mal. Sie sind gut besetzt. Den alten Bahnhof haben sie bei der letzten Überplanung der Innenstadt stillgelegt, sogar die Gleise entfernt, das alte Gebäude erst einfach abgeschlossen, dann doch ein schönes kleines Theater daraus gemacht. Regelmäßig kommt jemand und putzt die alten Fliesen an der Fassade. In mehreren Szenen erzählen sie dort quadratmetergroß in Blau auf weißem Grund die Geschichte von der Entdeckung des Seewegs nach Indien. Was sonst. Es ist die Geschichte von Vasco da Gama, dem größten Sohn dieser ansonsten eher unscheinbaren Stadt. Des Mannes, den sie zu Beginn des 16. Jahrhunderts aus dem Santiago-Orden gedrängt und Richtung Vidigueira davongejagt haben. Sines hofft jetzt auf den Tourismus. Der funktioniert auch in der Krise – oft sogar besser als zuvor. Kein Wunder, angesichts der kilometerlangen Alentejo-Strände knapp außerhalb der Stadtgrenzen, kein Wunder angesichts des milden Klimas, der vielen Sonne, der niedrigen Preise. Und angesichts dieser Geschichtsträchtigkeit, angesichts eines Namens, der Besucher anlockt.

Ob Dom Vasco selber mal nach Indien möchte, nach Cochin wie sein berühmter Vorfahre, nach Calicut und weiter nach Goa, wo viele Menschen noch heute portugiesische Nachnamen tragen und die wagemutige Seereise von einst bleibende Spuren hinterlassen hat? Jetzt entfährt es dem stillen, freundlichen Mann in aller Deutlichkeit: »Auf keinen Fall!« Er macht eine Pause. Und es ist keine Kunstpause. Eher muss er sich sammeln. So erschreckt wirkt er. »Das wäre zu groß«, sagt er schließlich. Und dann ist da wieder dieser Zwiespalt: »Ich bin sehr neugierig darauf – und möchte es nicht sehen.« Warum? »Mein Vater war da. Es muss sich angefühlt haben, wie nach Jahrzehnten auf Besuch ins längst an wildfremde Menschen verkaufte Elternhaus zurückzukehren.« Das tue man doch auch nicht. Das müsse man doch verstehen.

Und die Sache mit dem Geburtshaus in Sines? Beschäftigt ihn der Gedanke, dort mal zu klingeln, zu schauen, wer dort heute lebt? Nach all den Jahrhunderten? Immerhin in Portugal, nicht in Indien. »Gar nicht«, sagt er. »Aus anderem Grund. Ich bezweifle, dass es das Geburtshaus ist – die Tafel an der Wand hin oder her. Der Vater meines Vorfahren lebte zum Zeitpunkt der Geburt in der Burg von Sines. Es spricht nicht das Geringste dafür, dass seine Frau außerhalb davon zu Hause war und der Sohn in einem Häuschen in zweihundert Metern Entfernung zur Welt gekommen ist.« Er verzieht keine Miene, tippt nur ganz kurz an die Hornbrille. Er sagt es mit der Sachlichkeit eines Historikers, mit der Emotionslosigkeit eines Wissenschaftlers, der nur den Fakten verpflichtet ist. Und in der Festung war er mal. Es sind nur die Umfassungsmauern erhalten.

Dom Vasco Xavier Teles da Gama ist Antiquitätenhändler, hat seinen Laden in Lissabon, ist spezialisiert auf portugiesische Militaria, Wappen und Alltagsgegenstände aus dem siebzehnten, achtzehnten und neunzehnten Jahrhundert. Den berühmten Namen ihres Händlers erfahren die Kunden nur, wenn sie ihn nach dem Einkauf um seine Karte bitten. Ihre Reaktion? »Sie sind dann verblüfft. Manche möchten ein gemeinsames Foto, einer wollte mal ein Autogramm.« Könnte es seinen Geschäften nicht nützen, auf den Namen zu setzen und offensiver damit umzugehen? Er verzieht ganz kurz das Gesicht. Es soll vermutlich heißen: So etwas tut man nicht.

Am Meer schätzt der Graf den Strand. Zum Spazierengehen. Ansonsten ist sein Blick eher ins Hinterland gewandt, weg von der Küste, weg von Sines, sogar weg von Lissabon: Er reitet gerne. Und in seiner Jugend hat er als *forcado* gearbeitet, der portugiesischen Variante des Toreros beim Stierkampf. Dabei geht es darum, das gewaltige Tier gemeinsam mit mehreren Männern umzuwerfen, nicht es in der Arena mit einem Säbel zu töten.

Eines nur scheint er vom großen Vorfahren geerbt zu haben: den Orientierungssinn. Ein gewisses Geschick im Navigieren. Als er damals in Los Angeles gelandet war, um den Preis abzuholen, geriet er gleich am Flughafen an einen Taxifahrer, der kaum länger im Land gewesen sein dürfte als der Mann aus Portugal und sich nicht die Spur auskannte. Da Gama lotste den Wagen zum gebuchten Hotel – ohne vorher jemals in Kalifornien gewesen zu sein.

Was Sines tun wird, um die Aufmerksamkeit der Familie zu erringen? Nichts. Es ist für den touristischen Erfolg nicht nötig. Man ignoriert sich gegenseitig. Es schadet den Ambitionen nicht, wenn man einander übersieht – und einen trotzdem gewisser Stolz verbindet: auf Vasca da Gama, geboren 1468 oder 69, irgendwo in Sines an der Küste des Alentejo.

Bom Dia, Don Manuel Ferreira Enes

Gästebuch: Lapa Palace in Lissabon

Lieber Manuel Ferreira Enes, es ist lange her, dass wir uns das letzte Mal gesehen haben. Und ich weiß gar nicht, ob Sie noch immer an selber Stelle arbeiten: in diesem rosa getünchten Stadtschloss in Lissabon, in einer Villengegend, in der man kein Hotel erwartet.

Ich weiß noch, wie Ihre Augen geleuchtet haben, als sie von Ihrer Gästeliste erzählt haben und davon, dass die Spezialität des Hauses das »Handling« königlicher Hoheiten ist. Und ich glaubte zu sehen, wie gerne Sie zu jedem Namen eine passende Anekdote erzählen wollten und es dann doch im letzten Moment nicht taten. Sie liest sich jedenfalls wie das »Who's who« des internationalen Hochadels: die Könige und Königinnen von Spanien, von Schweden, der Niederlande, die Fürstenfamilie von Monaco, der Großherzog von Luxemburg.

Und wo Könige absteigen, da folgen recht bald auch die Stars und Sternchen. Ich erinnere mich noch daran, wie Sie davon erzählt haben, dass Sie immer Champagner auf dem Zimmer bereitstellen, bevor Grace Jones anreist und hier bei Ihnen im Lapa-Viertel absteigt. Quasi als »Sicherheitsmaßnahme des Hotels«, haben Sie gesagt. Sie würde ihn sowieso sofort bestellen und jeden, der es wissen will und vor allem jeden, den es gar nicht interessiert, mit der Begründung konfrontieren: Ohne Champagner könne sie keinen Sex haben, und sie wolle doch erotische Erlebnisse mit möglichst allen Menschen auf der Welt haben. Also brauche sie dringend Champagner, um loslegen zu können. Ob die karibische Popdiva das alles genauso meint, wie sie es gesagt haben soll, haben Sie dahingestellt sein lassen.

Der Zimmerkellner bei Grace Jones' erstem Besuch war lebender Beweis dafür, dass sie es dann doch nicht ganz so ernst mit der Begründung gemeint hat: Sie nahm den Champagner an der Zimmertür unerwartet schüchtern entgegen, und der Mann in Hoteluniform musste sich nicht mal seiner Haut erwehren.

Auch Tina Turner residierte in Ihrem Palast mit Turm und Ausblick auf die Dächer der Altstadt Lissabons und den Tejo. Cher verewigte sich mit Riesenunterschrift im Gästebuch.

Sind Sie noch dort? Ich habe gelesen, dass das Vierundneunzig-Zimmer-Haus den Betreiber gewechselt hat. Es war schön bei Ihnen, ich sollte mal wieder vorbeischauen. Sie haben so gut in diesen Palast gepasst, Sie haben ihn gelebt.

Eine Stadt von Welt

Was macht eine Weltstadt aus? Und insbesondere: Ist Lissabon eine Weltstadt? Noch immer?

Es gibt diese vermeintlichen Weltstädte, denen man sich erst eher theoretisch annähert, um ihren Zauber zu verstehen, ihren Mythos zu dechiffrieren. Meist sind es Städte, die sich gut anfühlen und deren Reize sich nicht in ein einzelnes Bild pressen lassen. Weil es oft Widersprüche sind. Fast immer sind es Städte, deren Zenit überschritten scheint – solche, die vor Jahrhunderten eine weltumspannende Bedeutung hatten und heute längst im Schatten anderer stehen, was die Wirtschaftskraft, die politische und kulturelle Strahlkraft angeht. Immer sind es Städte, denen man kein Unrecht tun will. Welche, die man in ihrem Takt erst verstehen lernen möchte. Es sind welche, die polarisieren. Solche, die der eine für grandios und der andere bloß noch für ein Städtchen mit Vergangenheit und viel bröckelndem Putz hält. Lissabon ist so ein Fall.

Was also macht eine Weltstadt aus? Größe ist das eine – ihre Ausdehnung in der Fläche, ihre Bevölkerungszahl. Das alleine reicht bei Weitem nicht. Bedeutung ist das andere. Dazu zählt die Geschichte, aber auch die Wirtschaftskraft, die politische Rolle im Gefüge des Landes oder gar eines Kontinents. Es gibt keinen Automatismus, wonach jede Wirtschaftsmetropole eine Weltstadt ist. Von manchen kennt man anderswo nicht mal den Namen. Für etliche chinesische Millionenstädte gilt das, die rasend schnell gewachsen und dabei gesichtslos geblieben oder geworden sind. Manche Hauptstadt wiederum ist politisch ein Schwergewicht und trotzdem keine Weltstadt, wenn sie in der Anmutung zu dörflich, zu wenig global ist. Bonn war so ein Beispiel, Den Haag ist eines, Bern ebenso.

Lissabon hat große Geschichte, ist die wirtschaftlich stärkste Stadt Portugals, Hauptstadt ohnehin. Zum globalen Schwergewicht macht sie all das trotzdem nicht. Aber es gibt etwas Drittes, etwas Entscheidendes, was eine Weltstadt ausmacht. Jede! Es ist der Zauber, den sie entfaltet: ihr Charme, das Besondere und Einmalige, sofern es so etwas gibt. Immer gehört Weltläufigkeit dazu, etwas Internationales. Das hat diese Stadt. Im Überfluss sogar. Und sie bereichert es noch: um Brüche in ihrer Geschichte, um Kontraste und Widersprüche. Denn auch die gehören bei einer Weltstadt dazu. Niemals kann sie aalglatt und aus einem Guss sein. Sie muss irritieren und überraschen.

Lissabon, einst Kapitale einer Weltmacht mit Kolonien auf drei Kontinenten, ist eine Weltstadt. Schon lange. Noch immer. Und das ohne jeden Zweifel. Sie lässt es einen spüren. Auf Schritt und Tritt, und es beginnt bereits im Landeanflug. »Lissabon«, sagt der Volksmund, »ist Portugal. Der Rest ist Landschaft.«

Die Flugzeuge machen sie dazu, die auf dem Flugfeld des Humberto Delgado Airport parken und auf ihre nächtlichen Abflüge in ferne Länder warten. Sie tragen Schriftzüge, die man anderswo selten, manche niemals sieht. Hierher kommen sie – aus alter Verbundenheit quasi, weil diese Stadt und mit ihr dieser Flughafen noch immer so etwas wie ihr Tor zur Welt ist. Angola Airlines ist so ein Fall, der Flieger von Air Macau aus Fernost ebenso wie die alte Boeing 757 von TACV Cabo Verde Airlines von den Kapverden. Die Maschinen der Azoren-Fluggesellschaft SATA sind ebenso Stammgäste wie das von EuroAtlantic Airways angemietete Flugzeug der Sao Tomé Airways aus der winzigen Inselrepublik Sao Tomé und Principe vor der Küste Westafrikas.

Die Anzeigetafel eines Flughafens sagt viel darüber aus, ob eine Stadt wichtig ist und Strahlkraft hat. Auf der von Lissabon tauchen Ortsnamen auf, die man anderswo selten sieht: Belém, Manaus, Natal, Fortaleza, Salvador da Bahia und Porto Alegre in Brasilien, Maputo in Mosambik zum Beispiel.

Bis heute ist Lissabon ein, vielleicht *der* Kulminations- und Orientierungspunkt für die portugiesischsprachige Welt. Nun machen ein paar Jets auf dem Vorfeld und ein paar exotische Ziele im Flugplan eines Airports allein noch keine Weltstadt aus – das, was daran hängt, aber sehr wohl: die Musik, die die Menschen von dort mitbringen und in die Bars und Clubs der Stadt tragen, ihre Hautfarbe, ihre Lebensfreude, ihren Akzent, wenn sie Portugiesisch sprechen. Es sind die Produkte aus Brasilien oder Angola, die diese Flieger im Frachtabteil mitbringen und die in den Supermärkten Lissabons ebenso zu finden sind wie auf den Märkten und in den kleinen Kolonialwarenläden, die es in mancher Nebenstraße noch immer gibt. Das reicht von exotischen Früchten und Gewürzen über Rohrzucker bis zu Antarctica-Bier aus Brasilien und *cachaça* in Literflaschen. Es strahlt aus bis in die Speisekarten der Restaurants, die Vorlieben und Geschmäcker der Portugiesen und insbesondere der Hauptstädter sogar. Bis heute und vielleicht sogar mehr denn je. So etwas ist weltstädtisch.

Braucht man Rekorde, die längste Brücke des Kontinents zum Beispiel, um Weltstadt zu sein? Überhaupt nicht. Infrastruktur ist zweckmäßig, und eine breite Autobahn mag mancherorts beeindrucken. Eher aber braucht man einen Puppendoktor in der Altstadt, wo solche Spielzeuge repariert und restauriert werden, denn das hat Charme und ist besonders. Man braucht Läden für Nähgarn und Knöpfe, für nichts als Kerzen, Fachgeschäfte für Pralinen wie für Messingbeschläge. Dass kleinteilige Läden noch immer überlebt haben. Dass es in Zeiten weltweiter kommerzieller Gleichschaltung nicht nur die Boutiquen globaler Marken in Lissabon gibt, sondern zum Beispiel einen Laden, wo jedes einzelne Kleidungsstück aus der Burelwolle der Schafe der Serra da Estrela gewebt ist – das ist weltstädtisch. Und erst recht, dass so etwas funktioniert. Mainstream ist austauschbar, doch alles

Überraschende, alles, was unaustauschbar an einen bestimmten Ort gehört, ihm Profil und Farbe verleiht, das kann ihn zur Weltstadt machen. Hier ist das so, zum Glück ist das so.

Klar, auch die Zeugen der Vergangenheit tragen dazu bei, ein Bild zu prägen: die überbordende Architektur mit all den Verzierungen des Hieronymus-Klosters in Belém zum Beispiel, die kolonialen Paläste, die vom einstigen Reichtum protzen oder von der Macht der Kirche vor fünfhundert Jahren zeugen und zugleich von der Ausbeutung der unterjochten Völker in Übersee erzählen, ohne das wirklich tun zu wollen. Gestapelte Steine mit Fenstern, Türen, Wandgemälden als Machtdemonstration. Was diese Stadt aber umso spannender macht, ist der Bruch: dass es all dem Reichtum von einst an mancher Straßenecke heute an Farbe und finanzieller Zuwendung fehlt. Dass der Zenit an weltweitem Einfluss lange überschritten ist und vieles mehr von seiner Vergangenheit als aus seiner Gegenwart heraus lebt, das macht diese Stadt aus. Es wahrzunehmen macht nur umso neugieriger: auf noch eine Seitenstraße mehr, eine zusätzliche Häuserecke, einen längeren Spaziergang, den Blick in einen Hinterhof, hinein in die Gegenwart, den Alltag.

Lissabon muss sich nicht verstecken. Die Stadt ist, wie sie ist, und vor allem ist sie ehrlich. Sie hat so viel zu erzählen – und sie hat eigenes. Den *fado* zum Beispiel – und ihre *Fado*-Lokale, touristische und, viel wichtiger, gänzlich untouristische, in die die Einheimischen gehen.

Außerdem ist sie eine Hafenstadt mit allem, was das bedeutet. Hafenstädten fällt es leichter, weltstädtisch zu sein – zumal, wenn sie am Ozean liegen. Erst recht, wenn es hier seit Jahrhunderten Hafenwirtschaft gibt. Immer steht all das für Austausch, für die anhaltende Vitalität und Dynamik eines solchen Schmelztiegels – und mit etwas Glück auch dafür, dass Handelnde immer wieder auch weit über den Horizont hinausschauen. Wie schön, dass man so etwas hier spüren kann.

Ohnehin gehört die Lage zu Lissabons Stärken, denn auch da gilt: Je origineller, desto interessanter. Und Lissabons Standort ist eigentlich nicht für eine Stadt dieser Größenordnung gemacht. Die Hügel sind schon bald zur Herausforderung für Stadtplaner und Bauherren geworden. Sie sind damit umgegangen, haben Fußgängerfahrstühle gebaut, die so selbstverständlich genutzt werden wie anderswo Gehwege. Und noch immer müht sich die betagte Straßenbahn mit ihren *eléctricos*, den Triebwagen, als rüstige Seniorin bergauf, wieder bergab und zwischendrin durch engste Gassen. Abends treffen sich Einheimische auf den *miradouros*, den Aussichtspunkten, plaudern dort oder schweigen, trinken, spielen, flirten, machen Musik und schauen herab auf ihr Viertel, hinunter auf den Tejo, hinaus aufs Meer. All das ist ungewöhnlich, unaustauschbar. Weltstädtisch eben.

Rückkehr in die verlassenen Dörfer

In den Eukalyptuswäldern nördlich von Lissabon: Neues Leben in den Steindörfern des Hinterlands

Manchmal gibt es solche Tage: welche, an denen einfach ungeheuer viel los ist. An denen die neun Ziegen von Isabel Simões Asunção plötzlich anderthalb Liter mehr Milch geben als sonst oder ein Lamm ein paar Tage eher als erwartet auf die Welt kommt. Oder der entlaufene Ziegenbock von Benilde Mendes nach fünfunddreißig Tagen in den Eukalyptuswäldern der Umgebung ganz unverhofft wieder über das aus vielen kleinen, unebenen Steinchen zusammengefügte Pflaster des Dorfes Ferraria de São João läuft und erst vorm eigenen Stall wieder zum Stehen kommt, als wäre nichts gewesen. Aber meistens ist hier nichts los – nicht mehr, seit so viele weggezogen und von einstmals hundertzwanzig Einwohnern nur noch sechsunddreißig geblieben sind. Die anderen sind dorthin gegangen, wo das Leben einfacher ist und wo es mit ein bisschen Glück Jobs gibt. Wer bleibt, hält die Vergangenheit fest. Er kennt nichts anderes, hat nichts anderes. Denn Ferraria de São João liegt so weit abseits, dass dort heute noch gestern ist.

Der Wind zerrt an den Häusern hier irgendwo tief im Hinterland zwei Autostunden von Lissabon, eine vom Pilgerort Fatima, eine halbe von der Regionalhauptstadt Coimbra. Er nimmt die Farbe mancher Fensterläden mit, legt Moos auf den Dachziegeln ab, lässt Gras über alte Steintreppen wuchern. Das feuchte Klima ummantelt die Bäume in den Gärten mit Moos, sogar die Rinde der Korkeichen ist damit bewachsen. Geerntet hat sie hier lange keiner mehr. Es gibt zu viel anderes zu tun – zu vieles, was im Alltag dringlicher ist.

Was alle wundert, die geblieben sind: dass jetzt die ersten Fremden von weit her schauen kommen, all das so herrlich ruhig finden und glücklich darüber sind, dass die Siedlung im Funkloch liegt und ihre Mobiltelefone hier nicht funktionieren. Sie kommen nicht, um die Einheimischen in irgendeiner Weise zu begaffen, sondern vielmehr um ein paar Tage lang Teil dieser weltfernen Gemeinschaft zu werden, morgens Wildfremden »*Bom dia*«, Guten Tag, zuzurufen, dabei zu lächeln und zu winken, Ziegen zu streicheln, nebenan Käse und Milch zu bekommen, durch diese Wälder hier zu wandern, die nach jedem Regenschauer nach Minze riechen, oder mit dem Fahrrad die Umgebung zu erkunden. Und sie stören sich nicht daran, dass die letzten paar Kilometer Asphaltstraße hierher ziemlich exakt so breit wie ein Auto sind – und dennoch sind wie aus Spaß Mittelstreifen aufgemalt.

Alles begann mit einem kleinen Hostal für Radler – und mit der Ruine mitten im Ortskern, die Patricia Valinho aus Lissabon gekauft und erst kürzlich mit viel Liebe zum Detail wieder aufgebaut hat und nun als sehr persönliches Ferienhaus vermietet –

außen wie der Rest des Ortes, innen die zeitgemäße Neuinterpretation eines solchen Dorfhauses. Und auf Wunsch mit Familienanschluss. Valinho sieht das Ganze nicht als Geschäftsidee, eher als Projekt, ist keine Reiche aus der Hauptstadt, sondern arbeitet dort als Grafikerin. Sie musste einen Kredit aufnehmen, um aus dem ein paar Jahrhunderte alten Haufen aus Steinen wieder ein Haus zu machen, konnte die skeptische Bank überzeugen, glaubt ganz fest an das Projekt. »In der Krise«, sagt sie, »mussten viele von uns sich Gedanken über ganz andere Berufe, über neue Einnahmequellen machen. Das hier ist mein Versuch.« Sie macht es aus Leidenschaft – und weil der Tourismus allen wirtschaftlichen Problemen des Landes an der äußersten Westflanke des Kontinents zum Trotz nicht nur funktioniert, sondern sogar kontinuierlich weiterwächst. Selbst in Regionen hinein, wo ihn bis dato niemand erwartet hat – weit abseits aller Pauschalurlaubshotels, fernab von allem, was Veranstalter jemals in ihre konfektionierten Programme aufnehmen würden.

Warum das so gut ankommt? Warum es Vorreiter ebenso wie Nachahmer in den anderen Orten der Umgebung gibt? Weil das hier ursprüngliches Portugal ist und viele Menschen es schön finden, im Urlaub zu spüren, wo sie eigentlich sind.

Casal de São Simão liegt keine Viertelstunde mit dem Auto entfernt, nur ein bisschen näher an der Nationalstraße N237 und der neueren Autobahn A13, ist seit jeher einen Hauch besser erreichbar –

und hat dieselbe Entwicklung vorweggenommen. Dort gibt es ein beliebtes Aussichtsrestaurant am Hang, das an den Wochenenden Gäste von weit her anzieht. Und unterhalb davon ist manches Haus bereits wieder herausgeputzt, sind die historischen Gassen neu gepflastert, die Vorgärten vom Wildwuchs befreit und Blumen in den großen Schalen auf den Veranden gepflanzt. Weil der Ort früher in den Blick geraten ist – und sich Menschen mit Mut und einiger Vorstellungskraft in das verliebt haben, was hier mehr brachlag und eingefallen war, als dass es noch stand.

Von irgendwoher dringt diesen Vormittag *Fado*-Musik aus einem Wohnzimmer ins Freie und auf manchem Klingelschild stehen Namen, die englisch klingen. Es sind die zugereisten neuen Besitzer – ob aus dem Ausland oder aus den größeren Städten Portugals –, die zerfallene Häuser der sogenannten »Schieferdörfer« gekauft und mit viel Liebe und einigem Geld wieder herausgeputzt, aus Casal de São Simão wieder einen Bilderbuchort gemacht haben.

Die Aufmerksamkeit hat das potenziert, dem Restaurant am Ortseingang noch mehr Gäste beschert – und dafür gesorgt, dass der öffentliche Parkplatz außerhalb der alten Mauern zu klein geworden ist, während Autos nicht durch die engen Gassen passen. Das Bevölkerungskarussell hat sich gedreht. Viele der ursprünglichen Einwohner sind nach dem Verkauf ihrer Häuser weggezogen oder waren ohnehin bereits fort. Und manche der Neuen, die den Ort wieder herausgeputzt haben, sind nur an den Wochenenden dort.

Warum das in Ferraria de São João so noch nicht geschehen ist? Warum es sogar ein bisschen anders abläuft? Weil das Dorf mit den Ziegen den entscheidenden Hauch weiter abseits liegt. Ob dieselbe Entwicklung bevorsteht? Nicht ganz. Wahrscheinlich wird es anders kommen. Weil die Älteren bleiben wollen, ihre Häuser noch intakt sind, sie ihre Ziegen haben. Weil Ferraria noch lebt, nicht bereits ausgestorben ist – und die Leute das Hostal und das Ferienhaus begrüßen und sogar froh über die drei neuen privaten Swimmingpools sind, die es inzwischen in der Gemeinde gibt: als Löschwasser-Reservoirs im Falle eines der gefürchteten Waldbrände, die hier immer mal wieder wüten. Und weil sie ein ganz kleines bisschen am Fremdenverkehr mitverdienen.

Zugleich ist Ferraria de São João neuerdings in ein staatliches Bildungsprogramm eingebunden. Grundschulklassen aus Coimbra kommen hierher, um sich anzuschauen, wie Portugal früher funktionierte. Sie streicheln Ziegen, sehen Omas Garten und erleben ganz nebenbei, wie das bäuerliche Leben weitab der Moderne früher war. Sie kommen tatsächlich auf Zeitreise – denn in Ferraria hat sich fast nichts geändert. Bis auf die Armbanduhr von Isabel Simões Asunção vielleicht – die ist neu. Was den Charme ausmacht? Dass das hier dennoch kein Freilichtmuseum ist. Dass hier keine Schauspieler die Vergangenheit inszenieren. Noch ist alles echt.

Die Geschichte von Manuel Casals und Victor Mineiro geht so ähnlich, spielt einundvierzig Kilometer weiter westlich, ein bisschen näher an Lissabon – ansonsten ist es dieselbe Landschaft aus sanften grünen Hügeln, dieselbe Ruhe, dasselbe Leben hier, das beide hergelockt und sie inspiriert hat. Nur ist ihr wirtschaftlicher Hintergrund ein ganz anderer: Der eine ist Modeunternehmer, besitzt die größte Chanel-Boutique der Hauptstadt, der andere ist gefragter Architekt und Künstler. Und Aldeia de Cima oberhalb des Dorfes Cotas mit seinen knapp zwanzig Häuschen war bereits seit siebzig Jahren verlassen, als Manuel Casals sich in das Fleckchen Land verliebte.

Er kaufte eine Ruine am Ortseingang, ließ sie in traditionellen Techniken wieder aufbauen, wollte das Gebäude als Ferienhaus nutzen. Als er fertig war, vermisste er die neu entdeckte Freude am Planen und Renovieren, erstand auch die Nachbarruine. Ein Dach gab es auch dort längst nicht mehr. Er fällte die Bäume in den Zimmern, fing von vorne an – und vermietete Haus Nummer eins kurzerhand als Ferienhaus: »Das Anstrengendste ist«, erzählt er mit einem Schmunzeln, »dass ich mit den alten Besitzern immer erst mindestens zwei Stunden trinken und plaudern musste, bis sie endlich eine Preisforderung aussprachen.« Er lacht. Inzwischen gehört ihm und Victor Mineiro die gesamte Mini-Ortschaft. Nun heißt sie Villa Pedra. Die beiden müssen viel getrunken haben. Dreizehn von zwanzig Gebäuden sind bereits wieder aufgebaut –

elf als Gästehäuser, eines als Rezeption, ein weiteres als Restaurant. Die Gärten sind neu angelegt, miteinander verbunden.

Vor Buchungsanfragen können sich die beiden kaum retten. Wie ungestört man hier ist, hat sich schnell herumgesprochen – sogar über den Atlantik hinweg. Immer wieder mieten Hollywoodstars mit Gefolge ganz Villa Pedra. »Das erste Mal reisen sie immer mit Security-Personal und großer Entourage an, nach zwei Tagen schicken sie die meisten wieder weg. Weil es hier entspannt zugeht, keine Paparazzi da sind – und auch sonst niemand stört.« Plötzlich ist es ein großes Glück, abseits zu liegen.

Wer hier arbeitet? Es sind die Menschen aus der unmittelbaren Umgebung – teils in ganz anderen Berufen als den ursprünglich erlernten. Weil sie es möchten. Weil es eine Chance in der Krise ist. Und weil Manuel Casals nicht will, dass ihre Situation sie zwingt, aus dieser schönen Gegend wegzuziehen und ihr Glück anderswo zu suchen.

Ferraria de São João hatte unterdessen neulich sogar wieder Zuzug zu verzeichnen. Ein junges Paar aus Avila. Sie haben ein Haus gekauft, es in Eigenarbeit wieder hergerichtet. Maria Rodrigues war ursprünglich Grundschullehrerin, arbeitet jetzt als Schneiderin in den eigenen vier Wänden, kann so auf ihre zwei kleinen Kinder aufpassen. Antonio Zuzarte verkauft und installiert Satellitenanlagen – als Heilsbringer für alle in der Region, die sich dann doch ein bisschen Fortschritt wünschen. Und weil sie nun da sind, dazu die Ferienhausgäste von nebenan und die Radler aus dem Hostal – deshalb ist fürs Erste die Gefahr gebannt, dass das Bäckerei-Auto aus Avila womöglich nicht mehr jeden Tag hierher rausgefahren kommt. Pünktlich um halb elf ist es jeden Vormittag da – wie seit Jahrzehnten. Mit einem Laderaum voller Brot, Brötchen und Kuchen. Und einen Moment lang wird es richtig turbulent. Weil die Fahrerin sich durch lautstarkes Hupen ankündigt – und die Leute aus den Häusern gelaufen kommen. Nicht alle sechsunddreißig, aber doch eine ganze Menge. Plötzlich kräht von irgendwoher ein Hahn dazwischen. Weil es so schön passt. Und weil es hierhergehört. So und nicht anders. Es wird noch lange so bleiben in Ferraria de São João – auch über einen schweren Schicksalsschlag hinweg, der den Ort im Frühsommer 2017 traf. Zu einer Zeit, als noch keiner damit rechnete. So früh im Jahr. Doch wochenlang hatte es nicht oder nur wenig geregnet, und dann hat ein Funke genügt, um eine Feuersbrunst zu entfachen, die sich durch die ganze Gegend fraß und vom Wind immer wieder neu angefacht und vorangetrieben wurde. Über die Hänge, durch Schluchten, über Straßen, als gäbe es die Asphaltbänder gar nicht. Menschen auf der Flucht wurden in ihren Autos von den Flammen eingeholt. Grausam kamen sie um. Manche Familien hat es schlimm erwischt. Und ihre Häuser.

In Ferraria de São João hatten sie Glück im Unglück. Sie haben keine Toten zu beklagen, kein Haus verloren. Aber die Kulisse wird brauchen, bis sie wieder aussieht wie aus dem Bilderbuch.

Das Feuer hat viel Eukalyptuswald vernichtet, die schnell wachsenden und leicht entflammbaren Bäume zu Asche zerrieben. Aber es hat Halt gemacht vor den Mauern des Ortes. Zwei Tage und zwei Nächte lang haben alle Einwohner mit vereinten Kräften gegen diese Flammen gekämpft, bis Löschflugzeuge helfen kamen. Bis der Wind erst drehte und schließlich nachließ. Sie haben jedes Haus retten können.

Jetzt warten sie, dass die Natur all die Asche auf den Bergen und hinter ihren Gärten als Dünger auffasst und wieder Grün sprießen wird, wo einmal Wald war. Ein, zwei Jahre wird das dauern. Dann soll wieder aufgeforstet werden: etwas anderes, kein Eukalyptus mehr oder zumindest weniger davon. Denn die anderen Arten wachsen langsamer, sind weniger interessant für die Holzwirtschaft hier. Aber sie widerstehen Flammen. Länger und besser. Die Politik hat sich endlich eingeschaltet. Plötzlich ist von nachhaltiger Forstwirtschaft die Rede, von einem Ende der Monokulturen, von neuen, von anderen Zeiten, die unwiderruflich angebrochen seien. Von einer Lehre, die man aus diesem Feuer ziehen müsse. Damit es um Ferraria wieder so schön werde wie einst. Und für immer bleibe.

Durch die Vergangenheit

Die Uhren anhalten: Von Burg zu Burg durchs ländliche Portugal tief im Hinterland des Alentejo

Bei Familie da Silva hängen diesen Wintermorgen die dicken Socken neben hellblauen Hemden und rosafarbenen Pullis auf der Wäscheleine und flattern über der Festungsmauer im kühlen Wind. Ein paar Meter höher tanzen Schwalben auf den Böen. Den Namen der Leute mit den warmen Sachen verrät das Klingelschild neben dem Eingang des Häuschens in der Burganlage aus dem elften Jahrhundert. Die Türen der kleinen Andenkengeschäfte und Kunsthandwerksläden in den schmalen Kopfsteinpflastergassen der Nachbarschaft sind verschlossen, sogar die Fensterläden verriegelt. Nur der Burgfried mit seiner Aussichtsplattform ist geöffnet. Und wo im Sommer nur mit Glück ein Parkplatz zu bekommen ist, stehen diesen Vormittag bloß drei Autos vor der über ein Dutzend Meter hohen Umfassungsmauer aus dem Mittelalter: wenig los im Bilderbuch-Festungsort Monsaraz im Winterhalbjahr. Es ist die Ruhe vor dem Sturm – oder danach – tief im Hinterland Portugals. Dort, wo gerade die Socken im Wind trocknen und niemand den Alltag versteckt, noch niemand ihn hinausrenoviert hat. Dort, von wo aus man Spanien sieht und der Atlantik weit ist.

Wo sich im Sommer Tagesbesucher durch die Gassen schieben, rumpelt jetzt nur der schmächtige Lieferwagen des Getränkegrossisten in Richtung der einzigen geöffneten Bar – und muss die Außenspiegel umklappen, um ohne Schrammen durchzukommen.

Es ist die stillste Seite Portugals. Eine Landschaft aus sanften Hügeln, aus Korkeichenwäldern und Weinstöcken, aus Feldern. Vierzig Burgen gibt es hier in der weiteren Umgebung, dazu Dörfer und kleine Städte, die nicht nur noch immer so aussehen, als hätte jemand vor vielen Jahrzehnten, manchmal schon vor Jahrhunderten die Uhren angehalten. Sie fühlen sich auch so an.

Die Fahrt tief durchs Hinterland der Region Alentejo, die südlich von Lissabon beginnt und im Süden auf die Algarve trifft, ist eine Zeitreise. Es ist eine Gegend, wo die Eile offenbar Einreiseverbot hat. Eine Gegend, über der niemals Bomben fielen. Ein Landstrich, dessen Gesicht noch alle seine Züge hat. Eine Region, die auf Schritt und Tritt vom Damals erzählt.

Am späten Vormittag machen es die Männer von Estremoz im Schatten der dortigen Burg, in die ein Hotel eingezogen ist, wie immer um diese Jahreszeit: In dicken Jacken stehen sie im Freien vor der Bar »Alentejo« unter der hellblauen Leuchtreklame an der Straße Rossio Marquês de Pombal in der Sonne, trinken ihren *café galão*, schweigen miteinander oder plaudern leise. Und schauen ein bisschen traurig, ohne es wirklich zu sein. Weil sie

Portugiesen sind, haben sie diese gewisse Ader für Melancholie. Krach liegt ihnen nicht, lautes Geplapper gehört nicht hierher, und nur wenn man ganz genau hinhört, bemerkt man drinnen vorm Bartresen die Musik aus den Boxen an der Decke. Getragen ist sie, ein bisschen schmachtend. Leise ist sie sowieso. Und sie einfach lauter zu drehen – darauf kommt hier niemand. Weil es nicht passen würde. Und weil keiner es sich wünscht.

Die Frauen sind derweil vor allem auf der anderen Straßenseite unterwegs. Auf dem Antikmarkt verkaufen manche das bisherige Leben und die Erinnerung an Oma und Opa – Familiengemälde, schweres Geschirr, betagtes Besteck, Stickdeckchen. Ein Mann mit Glatze schüttet einen Karton alter Bücher vor seinem angejahrten VW-Bus aufs Pflaster und muss das, so wie es dort aussieht, an diesem Morgen schon ein paar Mal so gehandhabt haben. Andere knien zwischen den vergilbten Wälzern unter den kahlen Platanen, blättern, schauen und erstehen kurz darauf hundert Jahre alte Schmöker für ein paar Cent. Sie werden ihre Beute stärker wertschätzen als der Verkäufer es getan hat, für den ein altes Buch bloß Ware ist, nicht Zeitzeuge oder gar historisches Dokument.

Gegenüber hat eine rundliche Frau ihren Tisch aufgebaut, verkauft nichts als Schafsglocken an Lederhalsbändern in unterschiedlichen Größen – die gebrauchten für vier, die neuen für ab fünfzehn Euro. Zu Pyramiden hat sie sie dort aufgetürmt. Nirgendwo herrscht so viel Andrang wie bei ihr.

Als wäre jeder Zweite in Estremoz Schäfer und hätte dringend auf Nachschub gewartet.

In vielen dieser Hinterlandorte gibt es solche Märkte – meist einmal, in manchen zweimal pro Woche. Fremde sind dort die Ausnahme. Die meisten Gäste aus dem Burghotel von Estremoz wissen nichts davon, geraten allenfalls zufällig hierher, obwohl sie nur zwei Straßenkreuzungen weit gehen müssten. Vielmehr sind diese Märkte Treffpunkte der Einheimischen – und von denen wiederum ahnt kaum jemand, wie sehr sie Sehenswürdigkeit sein könnten: weil sie tiefe Einblicke in den Alltag ermöglichen. Und weil sie die Gelegenheit bieten, die Gegend auch zu schmecken.

Ein fröhlicher Mann mit grauem Haarkranz verkauft Honig, daneben einer Schinken und Hausmacherwurst vom schwarzen Schwein, gegenüber ein anderer aus dem Fenster eines Imbisswagens heraus frittiertes Gebäck mit reichlich Puderzucker. Ein Hahn kräht aus seinem viel zu kleinen Käfig – gar nicht angstvoll scheint es, eher voller Stolz. Und nebenan reicht eine Frau riesige Hühnereier über ihren Tresen, während Monica Moura mit der Zange im Akkord nach Ziegenkäsetalern in einer Plastikwanne greift. Sie kommt kaum nach, kassiert achtzig Cent für ein Stück Käse, das im Supermarkt das Dreifache kostet. »Ich weiß nicht, woran es liegt«, sagt sie, »aber in Estremoz bin ich immer nach spätestens zwei Stunden ausverkauft. Egal wie viel ich aus unserer kleinen Käserei mitbringe. Kein Markt läuft so gut wie dieser.« Mehr mitbringen kann sie nicht, mehr gibt die Produktion des Familienbetriebs nicht her. Sie kassiert, greift reflexhaft mit der Zange in die inzwischen leere Plastikwanne – und muss nun selber darüber lachen.

Weiter in Portel sind es diesmal die Frauen, die vor einem Café an der Hauptstraße stehen, die unverhofft vom glatten Landstraßenasphalt ins Kopfsteinpflaster übergeht. Wieder thront die Festung über allem, wieder ist alles im Ort Alltag, nichts Museum – obwohl es für Fremde so aussehen mag. Ein paar Fassaden haben sie frisch gestrichen, das Pflaster ausgebessert, den Fußweg zum Burgtor aufgegraben, Leitungen verlegt und alles neu befestigt. Nur das Schloss im Burgtor auszutauschen – dafür gab es noch keinen Grund. Der betagte Schlüssel ist über zwanzig Zentimeter lang. Mittags um eins klappert die Burgwächterin damit und mit ein paar kleineren. »Nebensaison!«, ruft sie und zuckt bedauernd mit den Schultern: »Wir schließen doch außerhalb des Sommers mittags.« Das macht Sinn. Es sind nur zwei Besucher da, acht waren es diesen Vormittag insgesamt, und der Eintritt ist frei. Was sie wollten? Vergangenheit spüren, diese Ruhe erleben, durch die gemauerten Schießscharten fast exakt denselben Ausblick haben wie einst die Ritter der portugiesischen Könige. Von irgendwoher klingelt ein Handy. Als ob es beweisen wollte, dass sich doch etwas verändert hat seit damals. Dass man sich durch diese Kulisse nur nicht täuschen lassen sollte.

Was gerade in zweieinhalb Metern Höhe quer

über die Gasse vor der Burg hängt, die wieder hinab in den Ort führt? Dicke Pullover sind es. Und Socken. Auf einer Leine im Wind. Der ganz normale Alltag tief im Hinterland.

Dem Wind entgegen

Costa Verde: Wo die Schönen auf den Wellen reiten – und die Reichen keine Rolle spielen

In Ofir sind sie schön. In Ofir reiten sie auf den Wellen. Sie kommen, um gesehen zu werden. Und um zu sehen: die Jungs auf den Brettern, die Mädchen in ihren knappen Tangas. Sie kommen, um zu flirten, in der Sonne zu garen, braun zu bleiben. Ofir sieht teuer aus, ist der Schickeria-Ort der nordportugiesischen Costa Verde – der Platz, wo die neueste Bademode zuerst ausgeführt wird. Trotzdem gibt es dort keine Boutiquen, keine Edelparfümerien, keine Klunkerjuweliere, nicht mal eine Ladenzeile. Es gibt Villen unter Pinien, schmiedeeiserne Tore an den Zufahrten, dazu ein großes Hotel in Gelb und viel Platz im Sand selbst während der Saison. Ofir ist Wohnen, Sonnen, Wellenreiten – mehr nicht. Das dafür aber ganz besonders. Die Dünen formen einen weit geschwungenen Halbkreis, sind zwei Dutzend Meter hoch, gewölbt wie die Steilkurve einer anspruchsvollen Radrennarena – und zerrieseln zwischen den Fingern zu Pulver.

Die Tasse Kaffee ist teurer auf der Terrasse des Strandcafés mit bestem Meerblick – um ein Drittel mehr als anderswo kostet sie hier: einen Euro achtzig will die Kellnerin dafür haben – den Ofir-Aufschlag eingeschlossen. Zwei Euro fünfzig kostet das

Glas frisch gepresster Orangensaft. Warum der Norden Portugals so günstig ist? Warum zwei gegrillte Makrelen im Restaurant »O Garfo« im Küstenstädtchen Viana do Castelo mit Beilagen acht Euro fünfzig kosten und das Glas Bier mit zwei Euro auf der Rechnung auftaucht? Weil der große internationale Tourismus die Costa Verde zwischen Porto und der spanischen Grenze übersehen hat – und weil es hier, anders als an der Algarve im Süden, keine Sonnengarantie gibt. Portugiesen auf Inlandsurlaub kommen hierher, ein paar Spanier, ein paar Franzosen, vergleichsweise wenige deutschsprachige Gäste.

Segel für die Bretter braucht in Ofir niemand. Nicht den Wind wollen sie spüren, sondern die Wellen. Und die möglichst unmittelbar. In Neopren reiten sie die Atlantikbrecher aus und spielen von Ende März bis Ende Oktober Hawaii, wo Europa endet. Die Ersten, die morgens an die Strände kommen, sind die Wellenreiter. Und die Rettungsschwimmer mit ihren zitronengelb lackierten Blaulicht-Geländewagen. Die anderen schauen erst später vorbei, wenn die Sonne höher steht. Sie interessieren sich nicht für den Morgenwind, für die ersten kräftigen Brecher des Vormittags – nicht, wenn sie die Nacht zuvor durchgefeiert haben.

Auf den Rängen versammeln sich nach und nach die Zuschauer. Im Laufe des Vormittags werden es immer mehr. Auf den Kämmen der Dünen hocken sie. Gleitschirmflieger stürzen sich von hier oben herunter, Kite-Surfer rauschen unten im Schlepp ihrer bunten Drachensegel übers Meer.

Die beste Aussicht haben die Pinien. Sie halten den Sand fest, fixieren die Dünen an Ort und Stelle und haben es gelernt, dem Wind zu trotzen. Ein Knick des Stammes nach Osten ist ihr Zugeständnis an die Stürme, die vor allem im Winter vom Meer heranpfeifen.

Mitten im Geschehen hockt diesen Vormittag ein alter Mann beim Angeln auf den Felsen eines zum Küstenschutz aufgeschütteten Wellenbrechers, und an seinen Rücken schmiegt sich eine alte Frau. Ihre Augen sind geschlossen, die Mundwinkel lächeln. Jung zu sein, ist weit verbreitet, aber nicht Pflicht in Ofir. Schön zu sein, ist gern gesehen – aber kein Muss. Und der König des Strandes ist, wer bis abends bleibt, ein paar Lieder singen oder Gitarre spielen kann.

Costa Verde – die »grüne Küste«. Grün ist sie, weil der Regen nicht ausgesperrt ist und weil es ehrlicher ist, das zuzugeben – am besten schon im Namen. Und grün ist es hier wirklich. Gräser klammern sich an die Dünen, Pinien wachsen dahinter in einem breiten Gürtel. Dann kommen die Weinstöcke, und bald wird es gebirgiger. Nordportugal ist Heimat des *vinho verde*, des »grünen Weines«, dessen Name auf die Anbauregion, nicht auf seine Farbe anspielt – denn *vinho verde* gibt es auch in Rot. Der Wein wird jung getrunken, ist spritzig, leicht und sehr erfrischend. Mit meist um die neun Volumenprozent hat er einen vergleichsweise niedrigen Alkoholgehalt. Er harmoniert besonders gut mit Fischgerichten und Meerestieren, wird aber von den Einheimischen gerade an heißen Sommertagen gerne auch als Erfrischungsdrink für zwischendurch getrunken. Die Rebstöcke werden an Spalieren hochgezogen, wachsen in der flachen Küstenregion ebenso wie im Hinterland der Region Minho, wo seit dem zwölften Jahrhundert Wein angebaut wird – heute alles in allem auf fünfunddreißigtausend Hektar. Das sind fünfzehn Prozent der Weinbaufläche Portugals.

Verlässliche Alleinherrscherin am Himmel über der Costa Verde ist die Sonne nur während der Sommermonate. Dann hat sie sich mit dem Wind verbündet, der die Wolken woandershin pustet. Die Saison ist vergleichsweise kurz, und manchmal kommt mittendrin das Feuer und stört. Und alle beten dann, der Wind möge sein Bündnis mit der Sonne vorzeitig aufkündigen, zwischendrin schnell ein paar dicke Regenwolken vom Atlantik bringen und sie die Flammen löschen lassen.

»*Milagre,* ein Wunder«, freut sich Margarida d'Alpuim aus Paço d'Anha bei Viana do Castelo und rudert noch Monate danach mit den Armen, wenn sie von den Feuersbrünsten eines schlimmen Sommers erzählt. An der Grenze ihres Grundstücks haben die Flammen Halt gemacht und das rund fünfhundert Jahre alte Anwesen verschont, in dem einst der portugiesische König zu Gast war. »Als sie überzuspringen drohten, kam der Regen«, sagt sie, wirkt plötzlich ermattet und setzt sich erst mal an ihren Gartentisch. Gebetet hatte sie – immer und immer wieder. Und Gott sei ihr zur Hilfe gekommen.

Sie hatte um alles gefürchtet, was mehr als fünfzehn Generationen überdauert hatte: die fünfunddreißig Hektar Wald der Familie, die Weinpflanzungen des berühmten *vinho verde* von Paço d'Anha, die kleine Privatkapelle, die zu Ferienappartements umgebauten ehemaligen Landarbeiterquartiere auf dem Grundstück.

Ihr Mann koordinierte die Löscharbeiten in der Nachbarschaft per Handy, ehe der Himmel zur Hilfe kam. Ein paar Tage nach dem Feuer war er am Strand: um auf das viele Wasser zu schauen, die Wellenreiter, die Fischerboote am Horizont. Und um wieder zur Ruhe zu kommen. Er nahm einen kräftigen Schluck seines eigenen *vinho verde*. Der prickelt leicht, schmeckt frisch, kraftvoll, nach Wind und Weite und nach Abstand vom Alltag. Noch mal Glück gehabt.

Für die Fischer von Vila Chã hat sich seit Jahrhunderten wenig geändert. Mit der Zeit gehen? »*Não*«, nein. Ein paar Urlauber mehr? »*Tanto faz*«, na und! Die Männer brauchen nur ein paar Meter Sand, kommen ohne Hafen aus und ziehen ihre Nussschalen auf den Strand, wenn sie morgens von Fangfahrt auf dem Atlantik zurückkehren. Sie drehen die Kähne mit Namen wie »Graça Maria«, »Rumo a Gloria« und »Deus me Guie« auf die Seite, machen ein Schläfchen im Schatten der Rümpfe, wachen irgendwann auf, um Netze zu flicken – wie schon ihre Väter und Großväter und Urgroßväter. Der Lebensrhythmus an der Costa Verde ist gemächlich.

Nur einmal war wirklich etwas los – damals, als Visionäre hier am Strand hockten, vom Seeweg nach Indien träumten, sogar die Welt umrunden wollten. Viele ihrer Karavellen ließen sie in den Werften von Viana bauen, lichteten dort Anker und nahmen Kurs aufs Unbekannte. Fernando Magellan zählte zu ihnen. Sie sollten in die Geschichtsbücher eingehen. Die Fischer von heute sind stolz auf »ihre« großen Seefahrer – aber unter Erwartungsdruck setzt sie das nicht. Es lässt sich so herrlich im Sitzen auf der gemütlichen Fischkiste vorm hellblauen Bootshaus von Vila Chã aus aufs Meer schauen und träumen – ganz ohne die Costa Verde für Monate verlassen zu müssen.

Der ewige Wind mag kräftige Farben. In die violetten und die orangen Pavillon-Strandzelte an der Praia de Afife scheint er am liebsten hineinzupusten, Stoffbahnen tanzen zu lassen und manchmal nachts sogar die Gestänge aus dem Sand zu heben. Sie sehen aus als wären sie bei einem Ritterturnier übrig geblieben. Die gelben lässt der Wind in Ruhe. Vielleicht will er die Strandschönheit nicht stören, die davor diesen Nachmittag einsam in der warmen Sonne brät. Irgendwann kommen ein paar Motorradjungs dazu, und schnell fängt einer an, Musik zu machen. Abends tanzen sie – und plötzlich ist es wieder wie im August, wenn alle da sind und feiern. Der Wind mag das. Er schaut dann zu, trägt Töne davon, sortiert die Melodie neu und lässt sie anderswo wieder fallen.

Ricardo Machado muss mittags zweimal nach

den Getränke- und Essenswünschen seiner Gäste in der »Mastro Bar« an der Praia de Moinhos bei Marinhas fragen. Es ist nicht seine Uhrzeit. Der Mann arbeitet vor allem nachts – weil seine Bar an zwei Seiten an Sand und Dünen grenzt, an den zwei anderen an ein Maisfeld. Und weil er hier nachts die Musik aufdrehen kann, ohne dass es irgendwen stört – im Gegenteil. Und weil das inzwischen viele wissen. Am meisten los ist deshalb bei Dunkelheit, und die Gäste kommen, weil es laut ist. Weil sie Cocktails trinken, feiern, tanzen wollen. Weil Jimi Hendrix und Pink Floyd in den Boxen wohnen und plötzlich zu spielen anfangen. Weil manchmal der Atlantik einen Zwischenruf riskiert, sie mal eben Hand in Hand zum Strand laufen, im Mondlicht baden und zum Weiterfeiern zurückkommen können. Es macht nichts, wenn Ricardo mittags um eins noch nicht ganz wach ist und ihm eine Mischung aus Pink Floyd und Caipirinha im Schädel brummt. Schlimm wäre, er würde abends schließen und wäre mittags gut drauf.

Manchmal übernachten seine Gäste im mitgebrachten Strandbiwak zehn Meter vom Meer und lassen sich von den Wellen in den Schlaf orgeln. Der Soundtrack ihrer kurzen Nacht ist das urgewaltige Donnern der Wellen, der Weckruf der Schrei einer Möwe im Tiefflug – viel leiser als die Wellen, aber so anders, dass man davon aufwacht. Der Strand ist breit und lang und fein und dünengesäumt. Bis hinter den Horizont reicht er, und im Rücken ist abermals Sand. Nach Westen übers

Meer aber bleibt der Blick seit Urzeiten blockiert. Dort liegt nach ein paar Tausend Kilometern einfach Amerika im Weg.

Immer landeinwärts

Kontrastprogramm: Auf Flusskreuzfahrt auf dem Douro den eigenen Lebensrhythmus herunterbremsen

Irgendwie haben sich die ersten Sterne ans Firmament geschlichen. Ganz plötzlich sind sie da, obwohl es noch gar nicht ganz dunkel ist. Eben erst ist die Sonne hinter den steilen Hängen voller Weinstöcke gen Westen abgetaucht. Und sofort hat irgendwer den Mond über dem Douro-Tal tief im Hinterland der Stadt Porto gehisst: dort, wo es nur den Fluss gibt. Nur ein paar kleine Dörfer, einzelne Gehöfte. Und Weinkeller. Da, wo sie über den Bau der Uferstraße noch nachdenken. Dort, wo sich die Gleise der Bahnlinie zwischen den Bergen zu verlieren scheinen und nur dann und wann doch wieder den Douro erreichen, um sich kurz darauf wieder ins Hinterland zu schlängeln.

Still ist es hier, weltfern, irgendwie ist die Gegend aus der Zeit gefallen. Im Sommer flirrt die Hitze in diesen Tälern, wo sie die Trauben anbauen, aus denen später der von Porto aus in alle Welt verschiffte Portwein gekeltert wird. Ein Traktor knattert diesen Abend mit kaum mehr als Schritttempo durch die Gassen von Pinhão, wo die Fassaden der Häuser mit Fliesenbildern verziert sind. Vor einer dunkelgrünen Haustür hocken alte Männer an einem Tischchen, spielen Karten – und trinken Portwein. Unten am Ufer angelt einer und ein Stück weiter halten zwei junge Leute gerade Händchen. Von irgendeinem Balkon klingt Gitarrenmusik, während die Hitze des Tages sich legt und ein bisschen Wind aufkommt: Landgang am Douro – in einem Dorf von Winzerfamilien, wo niemand eine Uhr zu haben scheint und nur Licht und Temperatur den Tag gliedern. Wo die Menschen den Fremden zum Gruß zunicken, als gehörten sie dazu. Dabei sind die nur kurz von Bord gegangen, machen einen Spaziergang, übernachten auf ihrem Kreuzfahrtschiff »Vasco da Gama« unten am Kai und werden früh am nächsten Morgen wieder weg sein.

Wer eine Flusskreuzfahrt unternimmt, sagen die Fans dieser Reiseform, ist näher dran als auf Hochseereise, legt häufiger an, macht öfter Landausflüge, begegnet leichter den Menschen des Urlaubslandes. Wenn er will.

Sobald der Ausleger auf Deck zwei heruntergeklappt wird, spazieren hundertdreißig Leute von Bord, nicht zweieinhalbtausend. Sie werden anders empfangen als diese Massen, sie verschwimmen zwischen den anderen in den Orten am Ufer statt sie zu überrollen. Sie sehen mehr vom Alltag – und im Gegenzug bieten ihre Schiffe weniger: kein Platz für Casinos, für große Show-Arenen, für Fitnesscenter und riesige Spas. Das Borderlebnis schrumpft auf ein Dreieck aus Kabine, Speisesaal und Salon. Und natürlich auf das Oberdeck mit Pool und Liegestühlen – und Aussicht auf all das, was an Land vor sich geht. Denn immer ist das Ufer nah, nie ist es außer Sichtweite. Und nachts liegen die Flusskreuzfahrtschiffe fest vertäut an den Kais – manchmal in kleinen Orten, ab und zu sogar so idyllisch wie in Pinhão am Douro. Das schafft Gelegenheit, Alltag zu erleben.

Kaum eine Tagesreise von hier endet bei Vega de Terron jede Tour auf diesem Fluss – zweihundertneun Kilometer tief in der iberischen Halbinsel. Zwei, drei oder vier Tagesreisen je nach Konzept und Leistung der Schiffsdiesel entfernt von der Mündung bei Porto. Vierzehn Kilometer hinter der portugiesisch-spanischen Grenze verhindert ein sechzig Meter hohes Wasserkraftwerk die Weiterfahrt. Dort eine Schleuse vorzusehen haben die Erbauer anders als auf portugiesischer Seite damals vergessen – oder nicht gewollt. Ein Nachteil ist das nicht. Es bietet die Chance, auf dem Rückweg anderswo zu halten oder mancherorts noch mal genauer hinzuschauen.

Flussreisen sind gemächlich, leben eher von den kleinen Dingen, nicht vom Paukenschlag. Da passt es gut zusammen, so etwas wie eine Sackgasse zu erkunden und auf der Hälfte der Reise einfach zu wenden.

Als Revier für Kreuzfahrten ist der Douro erst spät entdeckt worden. »Noch vor ein paar Jahren war hier fast nichts los«, erzählt Kapitän Pierre Ackermann, der aus Straßburg stammt und seit über zwanzig Jahren auf Europas Flüssen fährt. »Die Portugiesen zieht es traditionell eher aufs Salzwasser.« Er lacht. Inzwischen sind wie zum Gegenbeweis alles in allem knapp über zwanzig größere Ausflugsboote auf dem Douro unterwegs – weniger als die Hälfte davon auf mehrtägigen Touren mit Kabinenunterbringung, die meisten auf Tagesfahrten von Porto aus.

Einstmals war dieser Fluss ein Rabauke, ein Heißsporn mit schwer kalkulierbaren Stromschnellen, mit Untiefen und gefährlichen Felsen. Die verschiedenen Staustufen haben ihn handzahm gemacht, die Wucht herausgenommen – und überhaupt erst die Möglichkeit für geordneten Schiffsverkehr geschaffen. Früher konnten auf den sogenannten *barcos rabelos*, den kleinen hölzernen Douro-Lastkähnen, nur ein paar Fässer Wein mit der Strömung nach Porto transportiert werden. Für mehr war kein Platz, wenn man heil ankommen wollte.

Die Leute auf den Booten hatten lange Stangen dabei, um sich durch die Stromschnellen zu navigieren und in Flachwasserzonen vom Boden abzustoßen. Trotzdem erlitten sie nur allzu oft Schiffbruch. Seit es die Staustufen und Schleusen gibt, ist der Douro befriedet. Stromschnellen gibt es nicht mehr, und an den meisten Stellen ist er kaum mehr als vier Meter tief. Außer bei den Schleusen. Da bringt er es plötzlich auch auf über dreißig Meter Tiefe.

Jede davon ist ein Oberdeckereignis. Alle Passagiere tummeln sich dann im Freien, schauen, staunen, fotografieren – und stellen fest, dass ein Gefährt wie die fünfundsiebzig Meter lange »Vasco da Gama« haarscharf in die Schleusenkammer passt.

Alles in allem hat jedes Schiff während dieser Reise in jeder Richtung hundertfünfundzwanzig Meter Höhenunterschied zu überwinden.

Das Tor zum Oberlauf des Flusses ist zweiundzwanzig Meter hoch und hundertfünfzig Tonnen schwer – und eine Guillotine. Gewaltige Kräfte zerren es an der Schleuse von Carrapatelo in die Höhe, damit das Schiff darunter hindurchfahren kann und sobald es sich wieder herabgesenkt hat, selber vom Druck des in die Kammer hereinströmenden Wassers fünfunddreißig Meter in die Höhe gehoben wird. Keine paar Meter länger dürfte der Kahn sein – und keinen halben Meter breiter. Kein Kajakfahrer könnte sich jetzt noch an den Fenstern vorbeizwängen. Das Schiff schöpft die Abmessungen der Schleusenkammer restlos aus.

Dunkel ist es im Speisesaal geworden. Algenkruste auf Beton füllt die Fenster aus als führe das Schiff in einen Tunnel. Die Kruste verschwindet binnen weniger Minuten als führe das Schiff Fahrstuhl. Die meisten Passagiere sind jetzt an Deck, staunen, schauen oder laufen mit digitaler Videokamera im Kreis, um möglichst viel Dunkelheit einzufangen.

Was derweil Kapitän Pierre Ackermann am Douro so liebt? »Dass er so ruhig fließt. Und dass diese Stille abfärbt. Auf mich jedenfalls. Der Douro ist Balsam für die Nerven. Gleichzeitig wird die Fahrt nie langweilig, weil die Landschaft sich hinter jeder zweiten Biegung komplett wandelt.«

Dieser Fluss ist die Straße durch das Gebirge,

durch das Land der terrassierten Hänge voller genügsamer Weinstöcke auf kargen Schieferböden. Wer hier einst siedelte, tat es in Sichtweite des Douro und störte sich nicht daran, dass es im Tal im Sommer fünfundvierzig Grad heiß, im Winter für portugiesische Verhältnisse bitterkalt werden kann. Und er tat es, weil er Wein anbauen wollte. Diese heißen Sommer sind es, die den Trauben den besonderen Geschmack verleihen, die besondere Süße. Weiterverarbeitet sind sie als Portwein weltberühmt.

Die Schieferböden der Berge am Douro-Ufer sind außerordentlich porös, nitratarm, trocken. Und sie speichern die Wärme der extrem heißen Sommer besonders gut, was zur Bildung des hohen Zuckergehalts der zur Herstellung des Portweins verwendeten Trauben beiträgt. Die Wurzeln der besonders widerstandsfähigen und bereits von den Römern kultivierten Rebstöcke reichen bis zu zwölf Meter in die Tiefe. Nach dem Keltern wird dem Traubensaft während der Gärung etwas Branntwein beigemischt, was den Alkoholgehalt auf bis zu zwanzig Prozent steigen lässt – ein Ende des siebzehnten Jahrhunderts eingeführtes und ursprünglich nur deshalb angewandtes Verfahren, um den Wein für den Export vor allem nach England besser zu konservieren.

Zunächst aber wird er für zwei bis drei Jahre in Eichenfässern – vor allem in den dunklen und feuchten Großkellern von Portos Schwesterstadt Vila Nova de Gaia – eingelagert, ehe Kellermeister Weine aus einer Vielzahl verschiedener Fässer »verschneiden«. Sie mischen sie miteinander, bis die gewünschten Geschmacksnuancen erreicht sind. In Flaschen reifen die Portweine nun in den Kellern weiter – die besten und teuersten bis zu vierzig Jahre lang.

Manche Passagiere halten es nicht mal bis zu Hause aus, entkorken ihre Beute vom Portwein-Shopping während des Landgangs in Régua anschließend an Deck mit dem Taschenmesser-Korkenzieher, probieren, vergleichen, schwärmen – und müssen schnell noch mal von Bord und Nachschub kaufen, wenn ein anderer im Laden den besseren Griff getan hat.

Bordküchenchef Daniel George aus Colmar lächelt darüber. Die Probierphase hat er lange hinter sich: »Sie dauert Jahre, bringt dich in Berührung mit Hunderten von Weinen. Und am Ende landest du sowieso beim vierzig Jahre alten ›Porto Branco‹ aus Régua – oder beim genialen weißen Porto der ›Quinta de Marrocos‹, wo die Flasche nur fünf Euro kostet.« Auf der Getränkekarte an Bord steht der nicht – aber auf der privaten Einkaufsliste von Daniel George, der jedes Mal ein paar Kisten davon mit zurück nach Frankreich nimmt.

An Bord kocht der Mann aus dem Elsass auf Augenhöhe mit den Reihern, die ihm durch die Scheibe aufs Rotbarschfilet in der Pfanne schauen. Eine Tonne Rindfleisch verarbeitet George in seiner Schiffsküche auf dem Douro im Jahr, zweihundert Kilo Entenleber, dreihundert Kilo Blumenkohl. Sechs Gänge pro Tag serviert er den maximal hundertvierzig Gästen. Das sind achthundertvierzig Portionen, die auf nur zwanzig Quadratmetern entstehen. Jede Woche lässt er einen Lastwagen mit Zutaten aus Frankreich kommen, mit Käse und Fleisch. Die Brötchen holt er unterwegs an Land, das frische Obst und Gemüse ebenfalls: »Und in Barca d'Alva am Douro das Olivenöl. Es ist das beste der Welt.«

Zum Nachtisch schaut manchmal einen Moment lang ein Ruderer vorbei, blickt anderthalb Sekunden aus einem Meter Entfernung auf das Vanilleeis mit Portweinglasur in Augenhöhe der Passagiere im Bordrestaurant, auf das Tässchen *café galão* und den Champagnerkühler neben dem Tisch. Manchmal winkt er kurz, und meistens ist er abgehängt, ehe sich der Gruß erwidern lässt. Auf einem Flusskreuzfahrtschiff wie der »Vasco da Gama« wird in Ruderbootperspektive gegessen. Denn die Unterkante der Panoramafenster des Bordrestaurants auf Deck eins befindet sich ungefähr auf Wasserlinie des Douro. Anfangs erschrecken sich die Leute kurz, denen plötzlich von der falschen Seite auf den Teller geguckt wird. Vom zweiten Tag an ist das normal.

Einer, der sein Haus eine Tagesreise westlich von Porto an den Hang gebaut hat, findet besonderen Gefallen an den Flusskreuzern, die hier vorbeikommen. Er hat das Anwesen zum Ausguck erweitert und begrüßt jeden der Kabinenkreuzer mit einem Trompetensolo und freut sich über den

Applaus vom Sonnendeck und die Antwort per Schiffshorn. Von irgendwoher mischt sich der Glockenschlag einer unsichtbaren Kirche ein. Der Wind trägt ihn herbei, lässt ihn über dem Schiff fallen.

Schnell überträgt sich der Lebensrhythmus am Fluss auf die Passagiere an Bord – lange bevor sie in Pinhão an Land gehen werden und dann bereits dazugehören. Eile ist noch nicht erfunden, der Alltag weit weg und von den über Kilometer straßenlosen Bergen ausgesperrt.

Bei jeder Möglichkeit zum Landgang – ob in Vega de Terron, in Pinhão oder Régua – gibt es jene, denen ein Blick über die Reling reicht. Das Oberdeck ist dann ihr Balkon, und Lust, ihr schwimmendes Zuhause zu verlassen, verspüren sie gar nicht. Wieder andere steigen in den wartenden Bus ein und machen den organisierten Landausflug des Tages mit – und abermals andere tun das, was sie der Gegend und den Menschen am nächsten bringt: einfach aussteigen, losstromern, durch die Gassen treiben lassen, hinsehen, hinhören, probieren.

Auf der Tanzfläche im Salon auf Deck zwei gibt es Gymnastik für alle, auf dem Sonnendeck ein Fluss-Quiz und starken Kaffee. Aber den schönsten Platz entdecken die meisten zum Glück erst spät: ganz vorne auf dem Salondeck, im Freien direkt unter der Brücke, fast uneinsehbar für alle anderen – sechs Holzbänke ohne Polster, zwei Tischchen, zwei Liegestühle, dazu das Plätschern des Flusses, wenn der Kiel das Wasser durchschneidet. Die schönste Loge an Bord.

Da sind die alten Eheleute aus Bern, die selten sprechen, sich aber immer an den Händen halten. Da ist der Broker aus Frankfurt, der vom zweiten Nachmittag an nicht mehr von Aktienkursen spricht und dessen Pupillen nicht mehr zucken als blickten sie auf drei Monitore zugleich. Essen, schlafen, schauen, reden, wieder essen und wieder schlafen. Der eigene Alltag wird nach und nach gegen Gelassenheit ausgetauscht. Die großen Zusammenhänge geraten in den Hintergrund, die Welt ist weit weg, die Landschaft wird zur Heilpraktiker-Fototapete. Die Kulisse ist zeitlos. Welches Jahrhundert gerade läuft? Ob es schon Elektrizität gibt? Autos? Die Landschaft verrät es nicht, liefert kein Indiz.

Was Kapitän Pierre Ackermann in seiner Freizeit macht, wenn die »Vasco da Gama« fest vertäut ist, die Passagiere Landluft schnuppern und Portwein shoppen? Er fährt angeln. Auf dem Douro. Immer in Sichtweite. Ackermann ist begeisterter Freizeitfischer, und wann immer sein Schiff irgendwo auf dem Douro vor Anker liegt und die Passagiere mit Bussen auf Landausflügen unterwegs sind, lässt er ein Rettungsboot zu Wasser und fährt angeln. Letztes Mal hat er achtundvierzig Schwarzbarben mitgebracht. Küchenchef Daniel George hat sie in Portwein gedünstet. Worin auch sonst.

Fünf Schiffsmodelle hat der Mann, der an der Kapitänsuniform am meisten die Krawatte hasst und lieber Freizeitdress trägt, auf der Fensterbank seiner Brücke stehen. Einer der klassischen Portweintransporter, der *rabelos* der Vergangenheit, ist dabei, außerdem ein Mississippi-Dampfer. Daneben liegt eine portugiesische Fußballzeitung – und sein Fernglas. Gekauft hat er die Mini-Schiffe nach und nach in einem kleinen Laden in Porto – und inzwischen den Mann kennengelernt, der sie in seiner Freizeit bastelt: Fernando Teixeira. Der Dienstplan hat sie zusammengebracht: Teixeira arbeitet jetzt als Matrose auf der »Vasco da Gama«. Jeden Montag nach Dienstschluss treffen sich die beiden jetzt, arbeiten gemeinsam an einem Modell »ihres« schwimmenden Zuhauses, das bald ebenfalls auf der Brücke Platz finden soll.

Die Referenz an den seligen Vasco da Gama und seine hochseefahrerischen Verdienste erweist Pierre Ackermann am letzten Fahrttag lange nach dem Wendemanöver vor dem unüberwindlichen spanischen Staudamm: In Porto schippert er zur Verwunderung seiner Passagiere am Anleger vorbei, fährt die sechs Kilometer weiter bis zur Mündung in den Atlantik und sagt über Bordlautsprecher durch, er habe beschlossen, nun doch den Seeweg nach Indien zu suchen. Ein paar Hundert Meter später dreht er um. Und alle sind ein bisschen erleichtert – und vollends beruhigt, wenn sie wieder fest vertäut am Anleger in Porto dümpeln. Kurz nach dem Abschlussabendessen können sie ihren Kapitän im Rettungsboot vor den Panoramascheiben entlanggleiten sehen. Ackermann fährt wieder angeln. Letztes Mal hat er hier einen Seewolf aus den Fluten gezogen, Daniel George hat ihn zubereitet. Und als Digestif gab es einen vierzig Jahre alten Portwein: zur Feier des Tages.

Den Sternen nah

Ganz oben in Portugal: Zum Sternepflücken auf zweitausend Metern Höhe in der Serra da Estrela

Es dauert ein bisschen länger, bis der Raureif verschwunden ist. Länger, bis die Kräuter und schmächtigen Gräser auf den Plateaus rund um Penhas Douradas irgendwann im Laufe des Vormittags ihr Grün zurückbekommen haben. Länger, bis es von Weitem nicht mehr aussieht, als wären die Gipfel der Serra da Estrela noch von einer hauchfeinen Schicht aus Neuschnee bedeckt, die die Sonne im Laufe des Vormittags verlässlich wegschmelzen wird. Die Luft ist klar und kalt an solchen Tagen, der Wind hat sich freigenommen. Mucksmäuschenstill ist es hier, und nur der Sand auf den Pfaden knirscht unter den eigenen Schritten. Laut poltert ein einzelnes Kieselsteinchen, das zur Seite kullert. Niemand zu sehen, keiner da, nur diese Weite. Und die Eidechse, die sich auf dem Granitblock gesonnt hat und plötzlich zur Seite huscht, nur der Adler, der hoch oben seine Kreise zieht. Nur die Singvögel auf Durchreise. Es werden immer mehr, je genauer man hinschaut, hinhorcht – je mehr sich Auge und Ohren an die Stille und die Weite hier oben gewöhnt haben.

Kein Punkt des portugiesischen Festlands ist bei Nacht näher an den Sternen, bei Tag näher an der

Sonne. Denn nirgendwo geht es höher hinauf als in der Serra da Estrela tief im Hinterland – bis auf knapp zweitausend Meter.

Im Winter fahren die Einheimischen dort ganz oben Ski. Oder sie wandern auf halber Höhe über die Plateaus – in den tieferen Lagen in Wanderstiefeln, ganz oben auf Schneeschuhen oder Langlaufskiern. Lissabon ist dreieinhalb Autostunden entfernt, bis zur Universitätsstadt Coimbra sind es anderthalb Stunden.

Das Bergland hier ist dünn besiedelt: nur ein paar kleine Städtchen, einige Dörfer, ein paar Einödhöfe und Hütten, viel Altes, wenig Modernes. Es gibt Ortsdurchfahrten, da ist die Straße das mit Abstand neueste Bauwerk. Zwischen den Siedlungen sind Felder, Weiden, Hänge mit Weinpflanzungen. Und dort ist Wildnis. Bis vor kaum mehr als zwanzig Jahren waren hier noch Wölfe und Luchse zu Hause.

Und weil nachts fast kein irdisches Licht den Himmel trübt, sind die Sterne so seltsam klar wie kaum irgendwo sonst in Europa. Das Milchstraßenband ist zum Greifen nah, und fast könnte man mit ausgestrecktem Arm erst die Mondsichel und dann die Sterne vom Himmel über Portugal pflücken.

Jorge Lima ist hier geboren. Im Freien. Vor gut fünfzig Jahren. Seine Eltern waren Schäfer, zogen monatelang durch die Berge, ehe sie zurück in ihr Dorf kamen. Erst wurde auch er deshalb Schäfer, dann hatte er einen Bürojob in Lissabon. Nun ist er wieder Schäfer, zurück in der Serra da Estrela.

Und sein Sohn studiert. »Du bist nicht darauf festgelegt«, sagt er, während er sich auf den Hirtenstab stützt und seinem Cão-Hütehund Mandela schnell ein Kommando zuruft. »Schäfer zu sein ist eine freiwillige Entscheidung. Und es ist keine Sackgasse.«

Warum er es ein zweites Mal geworden ist? Die Antwort kommt blitzschnell, und dazu macht er eine Geste, als wollte er die umliegenden Hügel mit seinen Armen umfassen: »Wegen dieser Landschaft. Der Ruhe. Dem Frieden. Der Weite. Weil du hier Zeit hast, deinen Gedanken nachzugehen.« Ist der Schäferberuf einsam? »Niemals. Wer mit Tieren interagiert, ist nie einsam. Wer mit der Natur kommuniziert, ist nicht alleine«, befindet Jorge Lima.

Was er denkt, wenn er den ganzen Tag lang wortlos in die Weite schaut? Er antwortet wieder blitzschnell: »Alles. Und was denkst du, wenn du am Schreibtisch sitzt?« Er grinst – und ruckelt mit den Schultern seinen schweren braunen Umhang aus Burelwolle zurecht, als wollte er noch dies sagen: Nie sollte einer die Schäfer hier unterschätzen. Und nie einer denken, der eigene Beruf hätte nicht für andere aus deren Perspektive dieselbe Exotik.

Für dreihundert Schafe und fünfzig Ziegen der Farm Madre de Agua ist Lima zuständig. Das ist wenig im Vergleich zu früher. Denn damals, als er klein war, zogen sie mit Tausenden Tieren durch diese Berge. War es früher besser? Er redet, hängt Satz an Satz, mag sich nicht festlegen. »Beides«, sagt er endlich. »Es war besser und schlechter, manches so, das andere so.«

Die Milch der Schafe hier, sagen die Einheimischen, ist das »Öl der Serra«: ihr ganzer Reichtum. Sie gilt als besonders aromatisch, weil nichts zugefüttert wird und die Tiere sich hier einzig von Kräutern und Gräsern ernähren. Den Käse, der daraus vor Ort hergestellt und dem das Gewürz einer Distelpflanze zugegeben wird, exportieren die Portugiesen bis nach Angola und Brasilien – und sie könnten viel mehr davon verkaufen, gäbe es hier oben mehr Schafe. Mehr als die hundertzehntausend der beiden Rassen Bordaleira und Churra Mondegueira, die hier über die Hochebenen ziehen. Die Nachfrage ist riesig, der Preis mit dreißig bis vierzig Euro pro Kilo vergleichsweise hoch. Das lockt andere an, gewissen Etikettenschwindel zu betreiben. »Bei manchem vermeintlichen Serra-de-Estrella-Käse aus dem Supermarkt ist der Milchlaster allenfalls mal ein paar Schleifen hier durch die Gegend gefahren oder von vornherein aus Spanien herübergekommen, um Schafsmilch aus der Extremadura hier verarbeiten zu lassen. Warum das? Weil das Endprodukt dann erheblich teurer weiterzuverkaufen ist – und doch etwas ganz anderes bleibt.«

Elio Silva sieht das ganz entspannt. Mehr als arbeiten kann er nicht, erweitern will er nicht, sein Auskommen hat er. Aber in einem Punkt legt er sich fest: »Dies ist der beste Käse der Welt!« Er muss so etwas sagen – schließlich stellt er ihn her: in seiner winzigen Käserei Quinta da Cerdeira in den Bergen bei Seia, von Hand gemeinsam mit seiner Schwester und zwei weiteren Helfern. Und zugleich ist er wirklich davon überzeugt.

Zum Export bleibt ihm wenig – fast alles verkauft er direkt an der Ladentür. Weil auch die Einheimischen nicht ohne diesen Käse auskommen. Herzhaft ist er, je nach Lagerzeit fast sogar bitterwürzig, immer sehr intensiv. Er schmeckt nach Schaf, nach Gebirge – und wenn man nur lange genug nachschmeckt auch nach Weite, nach Raureif und Sonnenstrahlen. Nach Portugal und nach den Sternen. Für viele Auswanderer in den ehemaligen Kolonien ist er deshalb zu einer Art Heimatbegriff geworden. Wer ihn wie die Einheimischen essen will, schneidet den Laib in der Mitte kreuzförmig ein und löffelt oder streicht den noch dickflüssigen Käse heraus.

Es ist schon fünfzehn Jahre her, dass João Tomás sich erst in den Käse und dann in die Region verliebt hat. Ursprünglich kam er in den Ferien aus Lissabon zum Wandern. »Und zum Sternepflücken«, sagt er. Dann hat er seinen Juristenjob bei einer Hauptstadtbank gekündigt, ist in diese Berge gezogen, hat erst ein über hundert Jahre altes Häuschen in Penhas Douradas auf anderthalbtausend Metern Höhe renoviert, dann mehrfach angebaut, ein Hotel daraus gemacht, schließlich einer stillgelegten Weberei im Nachbarort wieder Leben eingehaucht, alte Webstühle geschrubbt, geölt und wieder in Betrieb genommen und aus dem Stand ein paar Jobs geschaffen. Nun stellt er dort im traditionellen Verfahren extrem dicht gewebte wetterbeständige Wollsachen her – die Umhänge der Schäfer zum Beispiel, aber auch Schals, Teppiche, sogar Wandbespannungen.

»Es muss doch möglich sein«, hat er damals gesagt, »die Traditionen dieser Gegend in eine neue Zeit zu retten.« Inzwischen weiß er die Antwort: Es ist möglich. Mit Erfolg. Gerade hat er einen Burel-Shop in Lissabon eröffnet. Es gibt jedoch etwas, das kann er dort nicht verkaufen: »Diese Weite, diesen Himmel, diese Morgen mit dem Raureif, dieses Knirschen unter den Schuhen.« Weil all das in keine Einkaufstüte passt.

Rose zum Frühstück

Madeira und Porto Santo: Auf den Gipfeln von Atlantis

Sie leuchten in allen Farben, klettern die Hauswände hoch, ranken an Bögen über den Pfaden. Sie wechseln sich mit Weinreben ab, wachsen neben Bananenstauden, neben Feigen- und Orangenbäumchen. Sie sind hier überall, und Schuld daran waren Miguel und Elisabete Albuquerque. Eigentlich hatten sie das Herrenhaus von Arco de São Jorge an der Nordküste der Insel Madeira nur wegen des dreizehntausend Quadratmeter großen verwilderten Gartens gekauft, mussten wochenlang graben, ordnen, düngen. Das Haus war ihnen gar nicht so wichtig. Gießen mussten sie nicht, denn das erledigt der Himmel hier regelmäßig für sie mit kurzen, heftigen Schauern.

Miguel Albuquerque brauchte Platz für seine Rosensammlung und war deshalb monatelang auf der Suche nach einem großen, schönen Anwesen auf seiner Heimatinsel, das er nach einer großen Umpflanzaktion in jenen Rosengarten verwandeln wollte. Das war vor fast zwanzig Jahren.

»Er hatte sich von Anfang an in den Kopf gesetzt, dass es irgendwann die größte Rosensammlung Portugals sein würde«, lacht Ehefrau Elisabete. Die größte Madeiras war sie bereits – und das will auf der klimabegünstigten Blumeninsel im Atlantik achthundert Kilometer vor der Küste Westeuropas etwas heißen.

Das alte Herrenhaus haben die Albuquerques deshalb eher als Zugabe zum hoch ummauerten Garten mit Torbogen und monumentaler Doppelflügelpforte betrachtet. Bei der Gelegenheit haben sie es gleich sanieren lassen, damit es gut zu den Blüten passt und nebenbei als standesgemäßes Wochenendquartier herhalten kann. Und weil es gerade so Spaß machte, haben sie die zwischen vierzig und sechzig Quadratmeter großen alten Weinbauernhäuschen auf dem Gelände ebenfalls auf Vordermann gebracht, ein paar weitere dazugebaut – und beschlossen, sie fortan an Urlauber zu vermieten: damit die in aller Ruhe die Rosen bewundern können. Es ist kein Nachteil, über das passende Vermögen zu verfügen, wenn man solche Pläne hegt.

Madeira ist Farbe, ein großer Tuschkasten, ein impressionistisches 3-D-Gemälde, durch das man spazieren gehen kann. Und dieser Garten ist es ganz besonders. Mehr und mehr solcher Landhaushotels im Grünen sind in den letzten Jahren auf der Insel entstanden. Sie liegen weit abseits der Hotelmeile von Funchal mit ihren Ferienburgen, sogar außerhalb der kleinen Dörfer an den Levada-Wanderwegen und manchmal sehr versteckt. Oft sind es Häuser, bis zu deren Portal man den Koffer von der Straße aus erst ein Stück schleppen muss. Es sind Quartiere manchmal mit Familienanschluss, wenige Zimmer groß, mal herrschaftlich in einer alten *quinta*, mal in den Nebengebäuden übers Anwesen verteilt.

Bei den Albuquerques baumelt morgens ein Beutel mit frischen Brötchen außen am Griff der Türen der Gästehäuschen im Rosengarten. Manchmal schaut zur Dekoration eine Blüte aus der Tüte. Alles andere, was man zum privaten Frühstück im Haus oder auf der eigenen Veranda braucht, steht drinnen in Kühl- und Küchenschrank bereit. Nur aufdecken muss jeder selbst.

Es ist ein Vorteil, wenn mal kein Bus durch die Straße vorm Hotel passt oder keine Piste bis zur Haustür führt. Wenn es keine Leuchtwerbung und kaum ein Hinweisschild gibt. Schön, wenn man sich auf dem Weg zum Ferienquartier das erste Mal wenigstens ein bisschen verfährt. Der Schlenker ist die Garantie dafür, abseits allzu ausgetrampelter Pfade unterwegs zu sein.

Wer nach Madeira kommt, reist der Vergangenheit entgegen. Modern ist hier wenig. Und wenn sich eine besonders unmoderne Ecke unterscheiden ließe, dann dürfte es die Nordküste der Insel sein. Die Landstraße ist hier schmal und kurvenreich, klammert sich über Kilometer immer wieder an die Abbruchkante des Felsens über dem Meer, ist wie eine eineinhalb Autos breite Treppenstufe aus dem Berg gesägt und oft durch Tunnel unterbrochen. Deren Wände sind unbehauen, ohne Betonverschalung und feucht. Manchmal fließt ein Rinnsal die Tunnelwand herunter und strömt ein Stück über die Fahrbahn talwärts. Manchmal plätschert ein kleiner Wasserfall wie ein Vorhang aus Regen vor der Ein- oder Ausfahrt der mäßig beleuchteten Röhre herunter. Rund um Funchal gibt es solche Tunnel nicht mehr, aber bis überall in den Norden sind die Fördergelder der Europäischen Union offenbar noch nicht gekommen. Schlimm ist das nicht – eher im Gegenteil.

Die Insel hat etwas Nostalgisches, etwas Beruhigendes. Und etwas sehr Friedliches. Für jenen Norden gilt das ganz besonders – außer vielleicht für Santana, wohin sich die Reisebusse aus der Hauptstadt schrauben. Tagesausflügler schauen sich dort die letzten der einst weit verbreiteten strohgedeckten madeirensischen Bauernhäuser an. Zwei Straßenzüge weit ist Santana erschlossen – dahinter ist Nordküstenalltag. Fünfhundert Meter und eine halbe Welt vom Busparkplatz entfernt führt eine Seilbahn steil zum Rocha-do-Navio-Ufer hinunter. Sie hat nur eine Gondel, fährt nur bei Bedarf, nur ein paar Stunden am Tag und das nur an drei Tagen der Woche.

Gedacht ist sie für die Bauern, die nahezu unzugängliche winzige Parzellen an den steilen Hängen und unten am Ufer bewirtschaften und Saat wie Ernte mit der Seilbahn transportieren. Nutzen kann sie auch jeder andere – zum Beispiel um ganz unten ums nächste Kliff herumzuwandern und stundenlang ungesehen von Zivilisation und Gegenwart am Ozean zu spazieren. Da unten riecht es nach See, schmeckt es nach Salz. Ein paar Blümchen klammern sich auch dort in winzigen Nischen am Fels fest.

Viele Einheimische auf Madeira sind unterdessen überzeugt davon, auf den letzten Gipfeln von Atlantis zu Hause zu sein und halten die Legende am Leben. Sollten sie recht haben, blieb von dem geheimnisumwitterten versunkene Kontinent nichts als zwei Inseln im Atlantik weit vor der Küste Westeuropas. Über beiden weht die portugiesische Flagge, auf beiden wird *vinho verde* getrunken, *fado* gesungen. Die eine ist achtzehnmal so groß wie die andere, zweihundertachtzigtausend Einwohner stark, von zerfurchten Bergrücken und üppigem Grün überzogen, von Steilküsten gesäumt, vom lieben Gott mit dem Luxus ewigen Frühlings bedacht und rund ums Jahr jenes duftende Blütenmeer – mit den Rosen der Albuquerques. Jene andere ist einundvierzig Quadratkilometer klein und fast baumlos: Porto Santo.

Die Farbpalette auf Porto Santo ist kleiner: kein Strelitzienrot, keine Mandarinenberge, nur ein paar Gänseblümchen auf den kargen Weiden der Ziegen, hellgrünes Gras in den Tälern der Ostküste. Einzelne Palmen recken sich in den Himmel, winzige Kirchen ducken sich in den Windschatten der Hügel. Eine Farbe gibt es im Überfluss. Eine, auf die Madeira verzichten muss. Eine, für die die Leute auf der Hauptinsel ihre zweieinhalb Bootsstunden oder zwanzig Flugminuten entfernte kleine Schwester beneiden. Es ist dieses besondere Goldgelb, diese satte Sandfarbe. Es ist der Strand, den Madeira nicht hat. Neun Kilometer weit erstreckt er sich die Südküste entlang von Ponta da Calheta bis zur winzigen Hauptstadt Vila Baleira. An manchen Stellen ist er von breiten Dünen gesäumt.

Christoph Columbus hat hier seinen Honeymoon verbracht. 1478 heiratete er Filipa Moniz, die Tochter des portugiesischen Inselgouverneurs. Hier entdeckte er am Strand bis dato unbekannte braune Bohnen von der Größe einer Kinderfaust, die von der Strömung hergetragen und angespült wurden. Und hier reifte in ihm die Überzeugung, dass weit im Westen noch Land sein müsse, wenn Schwemmgut aus Westen nach Porto Santo gelangen könne. Bei unzähligen Strandspaziergängen wird er darüber nachgedacht haben.

Das einstige Wohnhaus des Ehepaares Columbus in Vila Baleira ist die einzige Sehenswürdigkeit der Insel. An der Ziegelsteinwand lehnt an diesem Nachmittag ein Motorrad. Der Fahrer flirtet eine Straßenbiegung weiter im Café mit den Inselschönheiten. Auf der Parkbank gegenüber schläft ein Mann mit Baskenmütze in der Nachmittagssonne. In sein Gesicht hat das Leben so tiefe Spuren gemeißelt, dass man versucht wäre, ihn nach Columbus zu befragen. Wie war das damals? Wie hat er gelebt? War er ein netter Kerl? Erst das Glockenläuten der kleinen Kirche Nossa Senhora da Piedade reißt in die Wirklichkeit zurück.

Früher, bis vor Kurzem sogar, da war Porto Santo gänzlich verschlafen. Nun aber gibt es Charterflüge auch hierher. Und ein paar schöne, kleine Hotels – wenn auch nicht mit großem Rosengarten.

Auch dieser Gipfel von Atlantis ist nun touristisch entdeckt – und im Sommer gefragt. Bis dato war nur im Herbst etwas los: Dann tummeln sich im kleinen Hafen von Vila Baleira traditionell die geistigen Nachfahren von Christoph Columbus – Segler am Ausgangspunkt ihrer Atlantiküberquerung, Jachten mit Kurs auf die Karibik. Sie warten auf die Entwarnung der Meteorologen und das Ende der Hurrikansaison an der gegenüberliegenden Atlantikküste. Die Zeit vertreiben sie sich damit, bunte Bilder auf der grauen Kaimauer zu hinterlassen und mit dem Namen ihres Schiffes zu signieren. Bevorzugte Motive: Palmen, Sonnenuntergänge, Szenen vom süßen Nichtstun. Alles, wozu Porto Santo die richtige Inspiration liefert. Miguel und Elisabete Albuquerque scheinen noch nicht hier gewesen sein. Sie hätten mit Sicherheit eine Rose auf die Kaimauer gemalt.

Die Wiederentdeckung des Bacalhau

An der Kabeljauküste bei Furadouro

Aus der Lagune löst sich gerade der Morgennebel, und die ersten Strahlen der Sonne bemalen die Rümpfe der seltsam langen, schmalen Holzboote, die dort im seichten Wasser liegen. Das Licht des neuen Tages bringt ihre Farben zum Leuchten, als knipste es die Schiffchen an: das satte Gelb, das kräftige Grün, den roten Streifen unterhalb der Reling. Wie venezianische Gondeln sehen sie aus – und größer sind sie kaum. Die Fischer sind bereits auf den Beinen, halten Angeln über Bord oder bringen ihre Netze im Brackwasser aus – jeder ganz alleine in seinem Boot. Auch Muschelfischer sind hier aktiv. Die Szenerie hat etwas Zeitloses, und aus der Gegenwart scheint nur das Postauto zu sein, das die Uferstraße entlangsurrt. Von irgendwoher bellt ein Hund, und jemand pfeift ein Lied, dessen Melodie der frische Wind neu sortiert.

Am Horizont, drüben am gegenüberliegenden Ufer, sind die Dächer von Aveiro sichtbar, in der Ferne befinden sich die Kaianlagen der portugiesischen Hochseefischereiflotte von Ílhavo. Die Region gilt deshalb auch als *Bacalhau*-Küste, obwohl der Kabeljau viele Tausend Kilometer entfernt gefangen und hier nur angelandet wird. Hunderte

Schiffe sind früher von Ílhavo aus zur fünf Monate langen Fangfahrt quer über den Atlantik vor die Küsten von Neufundland gestartet. Die Väter, die Söhne, manchmal drei Generationen Männer an Bord – während die Frauen blieben und warteten. Oft voller Angst, ob ihre Liebsten fast ein halbes Jahr später wieder zu Hause mit an Land gehen würden oder vom Meer geholt worden waren. Der Kabeljaufang war etwas Gefährliches, das Risiko für die Seeleute beachtlich.

Nur zwölf Schiffe mit insgesamt sechshundert Mann Besatzung sind es heute noch, die von hier aus gen Nordmeer auslaufen, um den »portugiesischen Nationalfisch« weit weg von der Heimat aus dem Atlantik zu ziehen. Und obwohl es seit Jahrzehnten elektrische Kühlungsmöglichkeiten gibt, wird der Kabeljau noch immer an Bord dieser rostigen Seelenverkäufer zerlegt und in Salz gelagert, um ihn einzig dadurch zu konservieren. Ungekühlt. Weil die Portugiesen ihren *bacalhau* so lieben und nicht anders haben wollen.

Der Stockfisch ist ihr Nationalgericht, Aveiro und Ílhavo waren und sind die Hochburgen dieser Branche. Hier wird angelandet, verarbeitet, verpackt. Wer als junger Mann auf große Fahrt nach Neufundland ging, der schaltet mit fünfundfünfzig, dem Rentenalter für Hochseefischer, mindestens einen Gang zurück und fischt nun in der Lagune vor der Haustür: windgeschützt, im seichten Wasser und vor allem, um noch ein bisschen nebenbei zu verdienen und die Ausbeute womöglich an die Küchenchefs der Restaurants der Umgebung zu verkaufen.

Traditionell war der Stockfisch eher etwas für den Hausgebrauch und seltener auf Restaurantspeisekarten zu finden. Das ändert sich gerade – mit Köchen wie Jorge Pinhão aus dem nahen Gafanha de Aquém, der in seinem kleinen Restaurant »Bela Ria« den *bacalhau* wiederentdeckt, den Fisch nach alten Hausrezepten zubereitet und sich als treibende Kraft in der neu gegründeten »Confraria Gastrónomica do Bacalhau«, so etwas wie der »Bruderschaft der Stockfisch-Fans«, engagiert. Mitglied werden können Profiköche und Restaurantbesitzer – aber ebenso jeder *Bacalhau*-Fan. Regelmäßig treffen sich die Mitglieder dieser Bruderschaft, probieren gemeinsam neue und alte Rezepte aus, verkosten, fachsimpeln.

Paulo Felisberto gehört noch nicht dazu und ist doch genauso begeistert vom Salzfisch der Vorväter. Der Küchenchef des angesagten Szenelokals »O Bairro« mitten in Aveiro interpretiert den Kabeljau modern und kreiert sterneverdächtige Gerichte rund um den Stockfisch. Kabeljauravioli mit Weißweinsauce zum Beispiel. »Es macht Spaß, mit dem Erbe zu spielen, die Leibspeisen unserer Vorfahren nicht zu vergessen und sie zugleich mit ein paar neuen Ideen in die Gegenwart zu heben«, philosophiert er. Bei den Gästen kommt das gut an. Und die Bruderschaft setzt auf Leute wie ihn: um das Erbe in die Zukunft zu tragen. Ob er beitreten will? »Vielleicht«, sagt er. Er will demnächst zu einem der Vereinsabende gehen und sich das Ganze mal aus der Nähe anschauen.

Eine schmale Landzunge trennt die lang gezogene Lagune der pensionierten Hochseefischer vom Atlantik: breit genug für den Strand, für Dünen und Pinienhaine, für ein paar Querstraßen. Gerade stattlich genug für den Fischerort Furadouro und eine ganze Reihe fast versteckt in die Landschaft gewürfelter Ferienhäuser und ein paar Villen reicher Kaufleute aus Lissabon, deren Fronten dem nahen Ozean zugewandt sind.

Pedro Maganinho mag *bacalhau* – und hat noch nie einen gefangen, obwohl er Ozeanfischer aus Furadouro ist und Ílhavo keine zwanzig Minuten entfernt ist. Sein Arbeitsradius ist zu klein dafür, seine bevorzugte Fangmethode ungeeignet. Ob er deshalb etwas ändern will? »Niemals!« Er grinst.

Wenn Pedro Maganinho auf Fangfahrt geht, ist das Netz jedes Mal an Land befestigt, und er fährt mit seinem Boot erst kurz hinaus auf den Atlantik, dann im Bogen gleich wieder Richtung Küste, bis die Bewegung einen Kreis fast vollendet hat und sein Boot im flachen Sand kurz vorm Strand auf Grund läuft. Mit Ochsenkraft wird gleich darauf das Netz an Land gezogen – mit allem, was an Fisch und Meeresgetier dort gerade unterwegs war und eingekreist wurde, im allerbesten Fall jedes Mal ein paar Dutzend Kilo Fische, Muscheln, Krebse und Oktopusse.

Der schwere Holzkutter, der aussieht wie ein etwas zu lang und zu breit geratenes Ruderboot, muss dabei gänzlich ohne Aufbauten auskommen. Einmal im Jahr malen Pedro und seine Nichte Patricia ihn neu an: in sattem Blau, in Weiß, mit einem breiten gelben Streifen. Ein unscheinbares Schiff, eine archaische Fangmethode. Die Maganinhos waren schon immer da, wollen für ewig in Furadouro bleiben. Als alteingesessene Fischerfamilie sind sie auf dem Wasser zu Hause, wohnen nur ein paar Schritte vom goldgelben Sand, auf den sie nach der Fangfahrt ihr Holzboot ziehen. Sie fühlen sich mit dieser Küste verheiratet, fischen nach althergebrachter Methode auf dem Atlantik maximal vierhundert Meter vor den Dünen von Furadouro, vor Strandhafer und Pinienhainen. Und im Sommer vor ein paar Badetüchern.

Dreißig Fischerfamilien leben in Furadouro. »Es sind sogar wieder mehr geworden, seit der Wirtschaftskrise«, erzählt Pedro Maganinho. »Die Leute versuchen wieder in ihren traditionellen Berufen Fuß zu fassen.« Andere hoffen auf den Tourismus, und damit der auch hier endlich anspringt, hat Furadouro gerade eine neue Promenade spendiert bekommen, ein erstes Designhotel hat aufgemacht und die schmale Küstenstraße ist verkehrsberuhigt worden. Bald soll ein Beachclub hinzukommen, so etwas wie eine trendige Hotel-Lounge im Sand. Das könnte Fremde anlocken – vor allem aber ist es gut für Pedro Maganinho und seine Familie: Ihnen gehört das Stückchen Strand, sie verpachten die Fläche für den Club, können mit dem Erlös Jahr für Jahr das alte Boot ausbessern.

Was Pedro erbeutet, kommt derweil hundertfünfzig Meter weiter nördlich im hölzernen Fischrestaurant auf den Teller, das Opa Antonio vor fast dreißig Jahren auf dem Strandsand am Ortsrand gebaut hat. Mutter Palmira regiert in der Küche, brät, grillt, verfeinert mit Gewürzen aus dem Hinterland, serviert alles mit Zwiebeln, ein paar Oliven und hellem Brot.

Ein Teil des Fanges wird jedes Mal an Fischhändler und Restaurantköche aus Aveiro verkauft, die dafür hierhergefahren sind: weil sie wissen, dass es bei Leuten wie den Maganinhos bessere Ware gibt als auf dem Großmarkt – die leckersten Makrelen, die besten Atlantiksardinen, dazu oft auch Oktopus. Und sie wissen, dass es nichts Frischeres gibt. Selbst wenn *bacalhau* ihre Spezialität sein sollte – ohne den Fisch aus heimischem Gewässer kommen auch ihre Speisekarten nicht aus.

Im Strandrestaurant der Maganinhos spielt der Salzfisch aus Neufundland derweil fast keine Rolle. Nichte Patricia mag am liebsten Scholle, Palmira am liebsten Sardinen. Und die Gäste bestellen das, was Pedro selbst gefangen hat. Er dagegen lässt sich *bacalhau* durchaus auch mal gefallen: »Das ist so«, sagt er. »Mein Lieblingsfisch ist jeder Fisch. Ob frisch oder in Salz gelagert.« Pedro greift nach seinem Glas Sagres-Bier, nimmt eine Handvoll Salznüsse aus der Tonschale auf dem Tisch, macht Feierabend für heute und muss noch dies loswerden: dass die Hochseefischerei trotzdem nichts für ihn sei – bei allem Respekt vor den Kollegen, die das tun: »Zu weit weg von unserem Strand, unseren Dünen, unserem Zuhause.«

Sein Boot ist um diese Zeit längst wieder auf den Sand gezogen, ganz hoch bis in die Dünen diesmal, weil Sturm vorhergesagt ist. Drei junge Leute fotografieren sich dort gerade gegenseitig im Sonnenuntergang. Ein paar Meter weiter grillt eine Familie im Sand, in der Ferne spielen zwei Hunde und draußen auf dem Meer ist noch ein letzter Surfer unterwegs.

Was Pedro Maganinho nicht weiß: Manchmal hat er mehr Zuschauer bei seiner Arbeit als er ahnt. Rogério Cruz zählt dazu. Der sieht aus der Ferne erst das Boot als gelben Strich auf dem Wasser, dann ein paar Punkte im Sand, bis er das Fernglas ansetzt, das Gesicht in den Wind hält und aus zweihunderteinundsiebzig Stufen Höhe genauer hinsieht. Der Mann ist Wärter des Leuchtturms Farol da Barra – einer von sechs, die sich nach Dienstplan abwechseln. Rogério ist seit über dreißig Jahren in dem Job, der Turm noch immer nicht automatisiert. »Wissen Sie«, sagt er, »wir sind hier sehr traditionsverbunden. Und so ist es auch besser.« Ob er die Maganinhos kennt? »Klar«, sagt er. Und ob er *bacalhau* mag, den Stockfisch? »Natürlich. Ich muss ihn haben. Mindestens einmal in der Woche.« So ist das in dieser Gegend.

Und die Touristen, die Furadouro bisher übersehen haben? Im Örtchen Costa Nova ein kleines Stück weiter südlich sind sie schon angekommen. Dorthin zieht es sogar außerhalb der Saison ein paar mehr Fremde, zumindest auf Tagesausflug und vor allem, um ein paar Erinnerungsfotos zu schießen. Denn viele der älteren Häuser dort mit ihren spitzen Giebeln sind markant senkrecht gestreift: rot-weiß, gelb-weiß oder blau-weiß, im Look einer Liegestuhl-Stoffbespannung – und das schon immer. Warum das so ist? Die alte Dame, die gerade den Schlüssel im Schloss ihrer rot-weiß gestreiften Haustür umdreht, zuckt mit den Schultern: »Ich weiß es auch nicht. Aber ich mag es.« Darauf kommt es an.

Früher wohnten hier vor allem Fischer und Matrosen, die einfachen Leute. Kapitäne und die Besitzer der großen Kabeljauschoner waren traditionell drüben in Ílhavo auf der anderen Seite der Lagune zu Hause und wohnten weit prächtiger. Heute gibt es kaum etwas Begehrteres, als eines der Streifenhäuschen zu haben. Weil sie so sehr aus der Zeit gefallen wirken wie die Lagune und ihre Fischer. Und weil sie deshalb so gut hierherpassen.

Bei den Sardinenmännern

Die härtesten Fischer Portugals: Ihr Revier ist der stets aufgewühlte Atlantik vor der Wellenreiter-Welthauptstadt Peniche

Sie sitzen mal wieder an Land fest: auf viel zu kleinen Hockern, die Knie fast unterm Kinn, auf dem Pflaster neben ihrer Halle am Hafen von Peniche an der portugiesischen Atlantikküste. Und inmitten riesiger Fischernetze, die dort ausgebreitet sind. Sie schweigen, flechten, flicken, schauen sich jede einzelne Masche an und sind in ihrem Tun erstaunlich fingerfertig. Mit großen Händen und filigranen Werkzeugen, allesamt kräftige Kerle, mehr Ältere von über fünfzig, sogar sechzig Jahren als Jüngere. In Karohemd, Jacke und Jeans, mit Drei-, Fünf- und Sieben-Tage-Bärten. Sie wirken deplatziert hier, wie unfreiwillig festgehalten. Und ein bisschen ist es auch so: viel zu viel Wind zum Hinausfahren. Wieder einmal. Wie so oft in dieser Gegend.

Die Sardinenmänner von Peniche gut hundert Kilometer nördlich von Lissabon sitzen fest. Nicht mal sie trauen sich jetzt auf den Ozean hinaus: die Hartgesottensten unter den Atlantikfischern. Die Kerle, deren Mägen alles aushalten und die bei Durchschnittsstürmen einfach auf See weitermachen, als wäre alles ganz normal. Anderswo geht dann längst nichts mehr. Anderswo sind die Kutter dann doppelt und dreifach am Kai vertäut. Aber jetzt hat es auch die Sardinenmänner erwischt. Nicht mal die mit den großen Fangschiffen fahren noch raus.

Die meisten von ihnen sind von Kindesbeinen an mit Booten auf dem Meer. Sie sind mit diesen gewaltigen Wogen hier aufgewachsen, die heute Wellenreiter aus aller Welt anlocken, Peniche zur »Wave Capital of the World«, zu so etwas wie der »Welthauptstadt der Wellen« gemacht haben. In den Läden der Innenstadt kann man T-Shirts und Rucksäcke mit diesem Slogan kaufen. Er ist nicht einfach nur ein Werbespruch – er ist wahr.

Dabei entsteht die Dünung nicht allein durch die Stürme. Vielmehr sind die Strömungen mit schuldig – auch die Beschaffenheit des Meeresbodens ist es. Jeder einzelne der Fischer von Peniche kann einiges ab, alle sind sie viel gewohnt. Die Sardinenmänner stellen sich mit ihren Kuttern meist ungeachtet des Seegangs den riesigen Sardinenschwärmen in den Weg, die von April bis September hier durchkommen. Sie tun es westlich der vorgelagerten Berlengas-Inseln, wo das Wasser besonders kalt und tief ist. Der Fisch von dort schmeckt am besten, hat ein besonderes Aroma. Und dort sind die Wellen am schlimmsten: ein einziges Wogen auch bei Windstille, ein unaufhörliches Auf und Ab, gegen das jede Jahrmarktschiffsschaukel ein Aprilscherz ist.

Zu manchen Zeiten brauchen die Sardinenmänner der rot-weiß getünchten »Aventureiro« – »Abenteurer« auf Deutsch – die Netze dort nur ins Wasser fallen zu lassen, um sie wenig später mit ihren leistungsstarken Seilwinden prallvoll wieder an Bord zu hieven. Am besten gelingt es im Juni, dann sind die Sardinen groß und dick – und besonders schmackhaft.

So oder ähnlich muss das schon immer gewesen sein. Schon im ersten Jahrhundert siedelten die Römer hier, haben hier Fisch gefangen, sogar verarbeitet, in Salz konserviert und bis nach Rom geschafft. Trotzdem sind die Glanzzeiten der Fischerei vorbei. »Der Fisch«, erzählt Jacinto Galego von der »Aventureiro«, »ist seltener geworden. Und die Schwärme nehmen andere Wege, kommen unserer Küste nicht mehr so nah. Die Preise sind niedrig, die Konkurrenz dort draußen ist groß. Es war immer ein hartes Brot. Und es ist noch härter geworden.«

Mit seinen riesigen Fingern knotet er das dunkelrote Netz, während er spricht. Die anderen Sardinenmänner hocken in ein paar Metern Abstand um ihn herum, fummeln mit einem kleinen Instrument in jeder Hand an den roten Kunstfasern des Netzes herum, checken jede einzelne Masche, wirken aus der Ferne wie seltsam maskuline Strickerinnen mit zu breiten Schultern. Ihr Knie pressen sie zusammen, um damit das Netz zu fixieren. Die härtesten Fischer Portugals hocken wie Schulmädchen an Land, denen man beigebracht hat, die Beine zusammenzuklemmen, damit ihnen keiner unter den Rock gucken kann. Es ist ein Anblick, der ihnen nicht gerecht wird.

Aber morgen, spätestens übermorgen: Da soll

endlich alles wieder besser werden. Der Sturm wird durchgezogen sein. Sagen die Meteorologen. Die Fischer lachen darüber. Sie kennen das Meer besser. »Die Wetterleute«, sagt einer, »haben ihre Instrumente und ihre Satelliten. Aber sie waren nie da draußen. Sie kennen das Meer nicht. Der Sturm wird bleiben. Noch mindestens vier, fünf Tage. Wie fast immer in dieser Jahreszeit.«

Auf dem Höhepunkt der Sardinenfischerei gab es sechzig Fischerboote wie die »Aventureiro« in Peniche, heute sind es noch fünfzehn. Auf einigen davon fahren ausschließlich Pensionäre – weil sie nicht vom Ozean lassen können, sich so an diese Wellen gewöhnt haben, diesen Kick brauchen. Und das Geld, das auch.

Das meiste von dem, was sie mit ihren Fängen übers Jahr einspielen, wird wieder investiert. Ein neues Netz kostet zum Beispiel achtzigtausend Euro. Von den alten türmen sich einige am Hafen, riechen nach Meer, nach Fisch und Salz und Sturm – gleich neben der Halle, vor der die Männer heute in der Sonne sitzen, ein Netz auf der großen Freifläche teilweise ausgebreitet haben und die Maschen durchsehen. Einmal im Jahr machen sie das, und wer mit mehreren Mann gründlich daran arbeitet, braucht volle zwei Monate dafür. Es sind Wochen, in denen kein Cent Umsatz hereinkommt. Und es sind die Wochen ohne den Wellen-Kick. Eine seltsam meditative Zeit.

»Eigentlich haben wir Angst vor der See«, sagt Gonçalo Completo, der früher wie sein Vater selber

Sardinenmann war und heute nur noch ab und an im Nebenberuf Fischer ist: »Wir haben diese Angst, weil wir sie respektieren. Wem die Furcht vor der See fehlt – derjenige bringt sich in Gefahr. Zugleich lieben wir es, auf dem Ozean zu sein, ihn zu sehen und zu riechen. Aber wenn er wirklich zürnt, dann ist es klug, sich fernzuhalten.« Und besser erst mal die Netze zu flicken. Auf zu kleinen Hockern. Und dem sicherem Boden.

Gonçalo ist eine Ausnahme in der Zunft. Er ist noch jung, kaum dreißig. Und er hatte eine Geschäftsidee – eine, die ihn unabhängig von den Sardinenschwärmen machen sollte und doch ebenfalls ganz und gar von Wind und Wetter abhängt: Er fährt während der Sommermonate Bootstaxi und bietet gemeinsam mit seinem Vater Ausflugsfahrten zu den Berlengas-Inseln an. Dort gibt es ein Restaurant, ein kleines Hotel für nur wenige Übernachtungsgäste, dazu einen sehr einfachen Campingplatz. Die meisten, die hinwollen, sind Tagesbesucher. Wenn die Nachfrage zu gering ist, fährt er mit Gästen zum Hochseeangeln hinaus. Die Sache läuft. Fast rund ums Jahr gibt es Anfragen. Vier Boote hat die Familie inzwischen in Betrieb, das größte für über fünfzig Passagiere, das kleinste für ein paar Kumpel auf Angelausflug. Jeder von ihnen braucht einen guten Magen. Oder einen außerordentlich ruhigen Sommertag …

»Erst«, sagt Gonçalo mit beiden Händen in den Hosentaschen seiner Jeans, »haben die Surfer Peniche entdeckt, jetzt kommen zumindest von Juni bis September auch die Strandurlauber – weil sich herumgesprochen hat, was für eine Hammer-Brandung wir hier haben. Und was für Strände dazu! Sie kommen, um die Wave Capital of the World zu erleben.« Wie gut, dass Seegang dabei gar nicht stört. Das Gegenteil davon wäre sogar langweilig. Dann gäbe es später zu Hause weniger zu erzählen.

Manche der besten Wellenreiter haben sogar so etwas wie ihre eigenen Groupies dabei – mindestens dann, wenn hier die Weltcuprennen ausgetragen werden. Sie werden von Fans belagert, von schönen Frauen angehimmelt. Die Fischer müssen ohne Groupies auskommen. Sie machen einfach ihren Job, genießen dafür den Respekt der Leute aus Peniche. Die Fremden von außerhalb haben meistens keine Augen für sie – auch nicht die Wellenreiter. Obwohl sie so viel verbindet.

Wenn er selber außerhalb der Saison zum Fischen hinausfährt, sieht er sich dann als »Sardinenmann«? Als so einen wie Jacinto Galego und seine Leute? Gonçalo grinst, fährt sich mit der Hand durch den blonden Drei-Tage-Bart. Und schweigt. Es ist, als wäre er zu schüchtern, den Begriff für sich in Anspruch zu nehmen. Die alten Fischer genießen einen Riesenrespekt in Peniche. Dann sagt er doch etwas – eine Ausflucht, die die Frage nicht wirklich beantwortet: »Weißt du, ich mag Dorade am liebsten.« Er will sich mit ihnen nicht vergleichen.

Lucindo Verissimo Tacôa war lange nicht mehr da draußen. Mit Fisch hat er noch immer zu tun, mit diesem Geruch nach Salz und Meer, daran hat sich nichts geändert. Aber selber fischen fährt er nicht mehr: zu hart, zu viel Wellengang. Und zu alt, das ist er inzwischen auch. Er verkauft jetzt Trockenfisch in seinem kleinen Laden gleich gegenüber der alten Festung am Platz Campo da República. Jeden Morgen breitet er Wolfsbarsche, Sardinen, Schollen und sogar Rochen auf so etwas wie einem Tapeziertisch in der prallen Sonne aus – und hängt weitere an Fäden auf, die er zwischen zwei Stangen spannt. Wenn es hier nicht nach Fisch riecht, dann tut es das nirgends.

Binnen kurzer Zeit trocknen Wind und Sonne all das aus und konservieren es so. Wer etwas davon kauft und es zubereiten will, muss es »wiedererwecken«. Unter kaltem Wasser lange abspülen, dann eine Nacht in Wasser einlegen, danach wie Frischfisch verarbeiten. Jeder hat sein eigenes Rezept, und gerade den Älteren hier schmeckt Trockenfisch besser als der frische. Sie kennen es so, sind damit aufgewachsen. Als sie Kinder waren, gab es noch keine Supermärkte mit langen Reihen von Kühltruhen.

Lucindo Verissimo Tacôa betreibt den kleinen Laden gemeinsam mit seiner Frau Luisa Marques, die sich vormittags zusätzlich um den eigenen Fischstand in der Markthalle von Peniche kümmert. Beide ziehen Trockenfisch vor. Sie müssen es wissen. »Der ist viel besser, viel intensiver«, sagt sie und redet sich in Rage: »Derselbe Fisch! Aber viel besser! Erst so bekommt er sein richtiges Aroma.« Jetzt lacht sie: »Aber Hauptsache, er ist von den Berlengas. Aus kaltem, tiefem Wasser. Und von unseren Fischern gefangen!« Von den Sardinenmänner. Sie sind es, die auch die Wolfsbarsche, die Schollen, die Rochen mitbringen.

Was die Sardinenmänner nach Feierabend tun? Egal ob sie von See oder vom Netzeflicken kommen? Spätabends gar nichts mehr. Die harten Kerle gehen früh schlafen, gucken vielleicht ein bisschen Fernsehen – Fußball am liebsten, Sporting oder Benfica Lissabon. Sie haben es sich so angewöhnt, haben diesen Rhythmus im Blut, weil sie normalerweise schon mitten in der Nacht bei tiefster Dunkelheit wieder hochmüssen: und bald darauf auslaufen. Aber erst mal gehen viele von ihnen nach der Arbeit ins »A Sardinha«. Was essen. Fisch zum Beispiel. Noch immer. Bloß mit Zitrone, ein paar Kartoffeln und einem Blatt Salat zur Dekoration. Und zischen dazu ein »Superbock«. So heißt das Bier hier.

Ob Jacinto Galego selber sich eigentlich als »Sardinenmann« sieht? »Nein«, sagt er. »Ich nehme, was die See mir gibt. Alles, was sie uns ins Netz legt. Und dann sortieren wir. Aber es gibt diese Jahreszeit, wenn es fast ausschließlich Sardinen sind. Dann bin ich Sardinenmann.« Welchen er selber am liebsten isst? »Die Makrele. Vom Grill. Mit Zitrone und wenig Knoblauch. Nur so.«

Das Sturmtief übrigens ist geblieben, noch volle vier Tage und Nächte. Die Meteorologen lagen falsch. Wieder mal. Weil sie noch nie mit hinausgefahren sind.